EL CAMINO DE LA VIDA

ExLibric

ENDIKA ARMENGOL PÉREZ

EL CAMINO DE LA VIDA

EXLIBRIC
ANTEQUERA 2024

EL CAMINO DE LA VIDA
© Endika Armengol Pérez
Diseño de portada: Dpto. de Diseño Gráfico Exlibric

Iª edición

© ExLibric, 2024.

Editado por: ExLibric
c/ Cueva de Viera, 2, Local 3
Centro Negocios CADI
29200 Antequera (Málaga)
Teléfono: 952 70 60 04
Fax: 952 84 55 03
Correo electrónico: exlibric@exlibric.com
Internet: www.exlibric.com

ISBN: 979-13-87528-29-4
Depósito Legal: MA 2913-2024

Impresión: PODiPrint
Impreso en Andalucía – España

Nota de la editorial: ExLibric pertenece a Innovación y Cualificación S. L.

ENDIKA ARMENGOL PÉREZ

EL CAMINO DE LA VIDA

Prólogo

Después de varios libros, donde describía anécdotas y pequeñas historias, la mayoría vividas personalmente, decidí juntar realidad con ficción y el resultado es lo que podemos ver a continuación. O sea, que la gran mayoría de lo que ocurre en el transcurso de este Camino, de los dos hermanos mellizos, es real, pero naturalmente recopilando todo lo que sucedió en diversos Caminos y con cambios en los nombres de los protagonistas y la introducción, hasta el comienzo de su «aventura».

La magia del Camino Francés

En los años cincuenta, en el pueblo de Orbara, a 900 metros de altitud y pocos más de cuarenta kilómetros al norte de Pamplona, habitaban unas 150 personas, de las cuales, cuatro o cinco de ellas se repartían las tierras, que se hallaban justo abajo, al margen del río Irati, en parcelas muy grandes. Sin embargo, sus casas tenían muy poca superficie, ya que se hallaban escalonadas en la ladera del monte.

En esas tierras había una construcción donde vivían los masoveros, que se encargaban de cultivar lo que sus dueños quisieran que sembraran o plantaran y también un gran huerto para su consumo. Los masoveros tenían derecho a recoger lo que les hiciera falta, mientras estuvieran en esa vivienda.

Uno de esos señores era quien tenía el terreno más grande de todos, justo a la ribera del río Irati, donde casi siempre disponía que se cultivara el trigo, aparte de muchos árboles frutales y, naturalmente, un gran huerto, como ya hemos dicho.

El masovero que labraba y cuidaba todo lo que el señor poseía, aunque vivía con su familia en una modesta casa del pueblo, se podía decir, sin temor a exagerar, que pasaban todos la mayor parte del año en la otra pequeña vivienda en la parcela ribereña.

El masovero, junto a su esposa, llevaba su vida ahí desde que se casaron y, en un par de años, vieron aumentar la familia con un parto doble. Los mellizos fueron bautizados como Nagore y Gari, y su madre fue quien se encargó, al cabo de unos años, de llevarlos todos los días a la escuela del pueblo, donde un sacerdote impartía las clases, con niños y niñas juntos, sentados en antiguos pupitres de madera. Para poder llevarlos, la madre debía atravesar el río en un pontón, pues la casa estaba construida en el margen contrario, de donde se iniciaba la subida al pueblo. Cuando había poco caudal, esa tarea la hacía montando los tres en una enorme yegua, de nombre «morena», por el tono de su piel. La «morena», además, tiraba del arado en las labores del campo y del carro cuando tocaba subir al pueblo con los productos del huerto, para ir a la fábrica de conservas y embotarlos, ya que era la forma de poder tener siempre alimentos, por si acaso era imposible subir al pueblo por diferentes causas, como cuando habían crecidas del río, que impedía en muchas ocasiones salir de casa. Cuando esto ocurría, inundando la planta baja del edificio, tenían que refugiarse en la gran buhardilla, donde disponían de otra despensa y una cocina de leña, que, conectada a la chimenea principal, daba calor a toda la estancia y también podían hacer la comida. Y los mellizos contentos, pues se ahorraban unos días de escuela o de ayudar a los padres con el trabajo del campo y además disfrutaban mucho al tener que dormir en el suelo de madera, con unos colchones rellenos de paja que guardaban apilados ahí. Cuando los niños del pueblo acababan sus limitados estudios primarios, o incluso antes, según las necesidades económicas, los padres los hacían trabajar en el campo, en el caso de los varones y en las tareas de la casa, a las niñas. A veces, a las chicas las llevaban a la capital, o mucho más lejos, para trabajar como sirvientas en casa de gente con muchos recursos, ya que pronto aprendían de sus madres para hacer cualquier labor de casa.

Los domingos por la tarde, si el tiempo era bueno, subían al pueblo por la tarde para ir al cine (caso de que la película fuera para todos los públicos), lo que ya sabían de antemano por el cartelito que colgaban en algunos lugares del pueblo y también en la escuela. Una tarde, Gari quedó muy impresionado con una película donde un joven era abogado y pensó que eso es lo que él querría ser dentro de unos años.

Llegado el momento en que acabaron en el colegio sus precarios estudios, pidió a sus padres que le dejaran ir a Pamplona para seguir estudiando y después hacer la carrera de abogado, que él ya se arreglaría trabajando donde fuese para pagarse sus estudios. Además, allí vivían unos tíos suyos, más aposentados, que tenían un solo hijo, más o menos de la edad de Gari, que se llevaban muy bien, cuando de vez en cuando las familias se hacían visitas, alternativamente.

Ni que decir que los dos chavales se lo pasaban muy bien durmiendo en la misma habitación, en una cama enorme.

Para más suerte, coincidió que en ese año (1973) se inauguró el Centro Regional de Navarra, que era el único lugar donde se impartían tres carreras universitarias solamente, que por pura casualidad una de ellas era la de Derecho.

Como siempre había soñado con ser abogado, se dedicó en cuerpo y alma a estudiar, y hay que decir que en todos los cursos destacó delante del resto de compañeros. Y al contrario de lo que acostumbra a pasar, por envidia, etc., estos le apreciaban muchísimo. Eso hacía que tanto su primo como sus tíos le tuvieran un gran cariño y el trato era como si fuera uno más de la familia.

Con su primo, que aparte de parecer que era un hermano, se convirtieron en grandes amigos y los domingos y festivos se reunían con muchos más compañeros para disfrutar por la capital y, naturalmente, cuando eran fiestas de san Fermín, eran pocos los ratos que estaban en casa.

De vez en cuando, se subía a un carrinclón autobús que pasaba por Orbara para estar con su familia, ya que, además de sus padres, todavía vivían sus abuelos, tíos, primos… todos en el mismo pueblo, aunque algún primo ya estaba estudiando fuera, otros que cortejaban en pueblos de alrededor y alguno que ya se disponía a casarse y vivir lejos.

Durante los años en la Universidad pudo hacer muchas amistades, pero en concreto una (y nunca mejor dicho) que le dio un cambio a su vida. Llevaba por nombre Iria, que en Galicia abunda bastante y que parece ser su significado más probable «tierra fértil», aunque hay quien dice que puede ser Iris. En fin, el caso es que, aunque nacida en un pueblecito de Navarra, sus padres y demás familia eran todos de la provincia de A Coruña, pero en lugar de emigrar como muchísimos que fueron a Cataluña, o allende de los mares, ellos eligieron esta noble tierra de Navarra.

Iria había escogido estudiar Medicina, pero en muchas ocasiones compartían algunas asignaturas, por lo que se veían a menudo y es lo que hizo de nexo entre ellos dos. En clase intercambiaban miraditas cariñosas y mensajes escritos en un papel que hacían pasar de mano en mano a través de sus compañeros, hasta llegar al destino. Eso hizo que en el último curso Gari no saliera tanto con su primo y más amigos, a pesar de que en los meses finales su primo también salía «oficialmente» con una chica que no era de la Universidad, pero de esta forma podían juntarse los cuatro para ir los días de fiesta al cine, teatro y en muchas ocasiones a bailar, ya que esto les gustaba a todos.

Llegó el fin de curso y de estudios, que por parte de Gari fueron excepcionales, con notas muy altas y, así, la pareja, con sus respectivos títulos bajo el brazo, ya eran formalmente novios y, de común acuerdo, decidieron casarse ya para trasladarse al pueblo de la familia de Iria, que estaba muy cerca de Ferrol (que para entonces todavía se «apellidaba» del Caudillo). Todo esto transcurría en verano de 1978.

Como allí podían instalarse en una gran casa solariega (propiedad de la familia de Iria), que, aunque estaba aislada, tenía muy cerca las demás casas del pueblo. Así, al ser tan espaciosa, pudieron disponer de sus respectivos lugares de trabajo. Iria montó su consultorio médico y Gari su despacho de abogado.

Para entonces, por ejemplo, en Orbara, el pueblo natal de Gari, solo quedaban unos cincuenta habitantes, de los cuales no había ningún pariente de él, pues o bien se habían ido a otros lugares, ya que los jóvenes preferían la capital, pues la mayoría escogían estudiar en lugar de continuar con las labores del campo o ya habían fallecido.

Y, supuestamente, los descendientes de los «señores» con más caudales debían ser los propietarios de las cuatro o cinco casas rurales que se fueron creando, pues comenzaban a estar de moda.

Se puede decir que la vida de Iria y Gari era muy normal para una pareja de jóvenes recién casados, que desde buen principio tenían muy claro que esperarían unos años en aumentar la familia, hasta tener consolidadas sus profesiones, las cuales les iban afortunadamente, como se dice a nivel popular, «viento en popa». Así pudieron comenzar a tener sus ahorros, lo que les permitía ir de vez en cuando a Navarra, para visitar las familias de ambos.

Pero llegó un momento en el que se dieron cuenta de que todo se estaba convirtiendo en rutina, muy repetitivo y monótono, por lo que se plantearon que debían introducir algunas novedades que les alegraran la vida. Por más que lo hablaban casi todos los días, les costaba encontrar algo que fuera novedoso para ellos. Y eso que lo comentaban con vecinos y amigos, pero, por lo visto, la gente comenzaba a cambiar los viajes por la península o las islas, como era costumbre en las lunas de miel o viajes de novios, por viajar a países del extranjero. Como su nivel económico todavía no era del todo suficiente, pues llevaban poco tiempo ejerciendo sus carreras, pensaron dejar de «romperse» la cabeza buscando ideas y que ya saldría alguna cosa cuando menos lo esperaran.

En aquella época ya comenzaron a ver cómo, por delante de su casa solariega, pasaban algunos peregrinos caminando hacia Santiago de Compostela, cargados con sus mochilas, por lo que supieron que, precisamente, la mayoría de ellos salían desde Ferrol y un día se plantearon que era otro modo de viajar, conocer gente, lugares, monumentos, paisajes nuevos… Y comenzaron a diseñar su propia peregrinación, que no les costó demasiado ya que el desplazamiento hasta el inicio era relativamente corto, la vuelta a casa también, que solo requeriría una semana y que en dos de las poblaciones que eran final de etapa (Pontedeume y Bruna), Iria tenía familiares que podrían acogerlos sendas noches, ya que además se hablaban con frecuencia y por tanto la relación era ideal.

Cuando ya contaron con la respuesta afirmativa de estos familiares para hacer parada en su pueblo y pasar la noche con ellos, planearon la salida para el mes de mayo, pues ya no llovía tanto, los campos y árboles estaban bien florecidos, la temperatura ya comenzaba a ser asequible, para no llevar mucho peso, los pocos albergues que deberían acogerlos también estaban todos abiertos y sus profesiones, al ser liberales, les permitían coger esos días de vacaciones juntos.

Ahora solo quedaba esperar esos dos meses que les quedan por delante y soñar con ese primer viaje, después de casados.

Aunque estaban acostumbrados al frío de Navarra, el de aquí todavía no lo habían asimilado del todo, debido a la humedad existente y eso hizo que Gari, aprovechando que en los meses de invierno las visitas de clientes decaían, se pusiera a realizar algunas reformas en casa. Demostró ser un manitas, cuando forró prácticamente las paredes de toda la planta baja, excepto los dos baños y la cocina, con madera machihembrada, para, por lo menos, dar la sensación de más calor. En la buhardilla hizo lo mismo y el suelo lo enmoquetó, pensando que en un futuro sus hijos también disfrutarían igual que él en su casa materna.

Además, aprovechó la *lareira* (hogar de fuego muy grande) para cerrarla con cristaleras, como las terrazas de las cafeterías y, por tubos conductores, calentar toda la casa.

Esta es una 'lareira' gallega, aunque se puede asimilar a los hogares que había en las chabolas de Navarra, por lo menos, en la Ribera Baja.

También aprovechaba los ratos que no tenía ningún cliente para ayudar en las tareas de la casa, ya que en invierno era cuando Iria tenía mucho más trabajo por el frío: resfriados, gripes, etc. Más tarde, también cambió el pavimento de toda la planta baja por parqué de madera y así, otra vez pensando en sus futuros hijos, que de pequeños disfrutarían en cualquier época del año, yendo descalzos o con unas sencillas zapatillas. Además, los niños de corta edad siempre gustan de echarse al suelo para jugar.

Parecía que el invierno va acabando, después de dos meses muy fríos en Ferrol e Iria y Gari van haciendo los preparativos para su tan deseado Camino a Santiago. Unos amigos de ella van a dejarles las mochilas, pues siempre era mejor no hacer mucho gasto la primera vez y si después le seguían más Caminos, ya sería otra cosa. También van haciendo otra parte de los preparativos, que es caminar unos kilómetros cuando el tiempo y la meteorología lo permitían; eso sí, llevando el calzado que después van a utilizar para caminar y que ya esté amoldado a sus pies, para evitar posibles roces, ampollas…

Como este año la Semana Santa va a ser muy «tempranera», añadiendo unos días más, ya podrán hacer el trayecto hasta Santiago, en tramos de unos quince km por día. ¡Perfecto! Ahora sí, ya pueden realizar los últimos preparativos y acabar de hacer la mochila, a falta de los detalles de última hora.

Dicho y hecho. Un sábado, 15 de marzo, salen los dos de su casa, tal como hacían los peregrinos de antaño, poco a poco hasta Neda, donde no hay ningún albergue, pero pueden encontrar donde alojarse en una pequeña pensión, muy familiar y después de dejar sus cosas en la habitación que les han asignado, ya pasan al comedor para disponerse a comer, pues han llegado muy hambrientos, porque desde que han salido hace cinco horas, no han encontrado nada donde tomar algo, aunque solo fuera un café con leche y una magdalena. Entonces deciden que, a partir de ahora, habrá que llevar alguna cosa a mano, frutos secos por ejemplo, para que no se vuelva a repetir esta situación.

Al día siguiente, no se dan mucha prisa en salir, puesto que solo deberán caminar unos 13 km y tampoco encuentran ningún lugar para parar a tomar algo, pero suerte que la señora de la pensión les ha puesto unas pastas en una bolsa de papel, por si acaso.

A mediodía, hacen su entrada en Pontedeume y aquí no les hace falta buscar dónde dormir, ya que habían quedado por teléfono hace unos días con unos tíos de Iria para que los acogieran.

Después de comer, todos juntos salen a dar un paseo, pues los tíos quieren enseñarles el pueblo, pero han de volver a casa antes de lo que pensaban hacer, ya que el tiempo se ha complicado y parece que tiene ganas de llover. Bien, entonces a cenar pronto y no mucho más tarde, a dormir, esperando a ver cómo amanece el día siguiente.

Efectivamente, al levantarse, ya se ve por las ventanas que ha llovido por la noche, aunque habrá sido más bien el *orballo,* que dicen por Galicia, pues nadie ha podido escuchar el típico ruido de una tormenta. Aun así, seguro que ha sido persistente, pues cuando ya van por los caminos, tienen que sortear muchísimos charcos y los campos están prácticamente inundados.

Aquí se puede ver a uno de los peregrinos haciendo filigranas,
para salvar el agua del camino.

Durante toda la etapa de ese día, de vez en cuando, tienen que taparse con la capa de lluvia, pues las finas gotas les van empapando y acabarían chorreando. Esta mañana sí que han podido hacer un buen desayuno a mitad del trayecto, disfrutando de unas *filloas* y un café con leche en esos tazones que acostumbran a servir aquí. No han podido hacer más paradas, ya que con este mal tiempo no apetece y eso que los paisajes son magníficos, a excepción de una obligatoria, puesto que en un momento determinado, la mochila de Gari se desprende hacia un lado al descoserse una de las correas y casi se cae en todo el barro que había en ese tramo. Suerte que los reflejos del joven evitan ese incidente al sujetarla en el aire.

Ellos creen que con la lluvia, aunque sea poco lo que se ha mojado la mochila, ha hecho que con más peso cediera y es que el chico, además de su equipaje, lleva también parte del de Iria y esas mochilas que les han dejado no son de las que llevan los peregrinos, más bien parecen que son para ir de excursión o acampada.

Entre la niebla, se puede ver un poco más abajo una aldea, por donde lo más seguro es que habrán de pasar. Así es, pero es tan pequeña que podríamos decir que no hay nada. Se llama Ponte de Porco y suerte que justo por donde pasa el camino se halla una casa que alquilan habitaciones. Ahí, Gari habrá de poner en práctica su aprendizaje de cuando era *scout* y reparar la correa de su mochila. Para ello utiliza un pequeño estuchito con hilos de varios colores y agujas de coser que traía como previsión.

Por suerte, el cuarto día deberán caminar un poco más de 8 km, hasta Betanzos, por lo que, una vez más, se lo toman con muchísima calma, porque, además, el mal tiempo se ha calmado y no luce un sol radiante, pero no hará falta utilizar las capas y pueden disfrutar totalmente del paisaje tan característico de Galicia.

A unos 3 km paran en una cafetería que encuentran en una aldea, pues no saben si más tarde podrán hallar nada más. Al acabar, Gari se levanta de la terracita donde han desayunado y se dirige al interior para pagar y que le sellen sus credenciales, cuando se percata de que se les han olvidado en la mesita de noche de donde han dormido. Le dice a Iria que se espere ahí mismo, con las mochilas, que él irá y volverá de nuevo aquí, ya que solo necesitará poco más de una hora.

Efectivamente, no ha necesitado mucho más tiempo para volver a reunirse con Iria y continuar, esta vez un poco más aprisa, por el tiempo perdido.

A pocos kilómetros pasan por delante de una pequeña ermita, casi al final de la etapa, y deciden entrar a visitarla, ya que está abierta, aunque no hay nadie, y encima del altar de piedra hay un sello atado a una cadenita, para que los peregrinos puedan estamparlo en sus credenciales. Cuando ya han hecho esto, van saliendo y, solo al pasar la puerta de entrada, Iria quiere ver ese sello tan bonito con más detalle, pero no se percata de que tiene que bajar un solo peldaño de la escalera que hay para salir, torciéndose el tobillo, sin llegar a caer, pero quejándose mucho por el dolor. De nuevo, Gari ha de hacer prácticas como buen *scout* y, tal como vemos en muchas películas, coge una de sus camisetas, la hace tiras y con ellas le venda toda esa parte del tobillo y planta del pie, sellándolo con unas tiritas, pues no lleva esparadrapo.

Al llegar a la ciudad, como no ven posibilidades de seguir, por el percance de Iria, creen que ya han hecho suficiente y, después de preguntar si hay posibilidad de coger algún bus de vuelta a casa, se dirigen al alojamiento que tenían previsto, para la mañana siguiente regresar a su hogar.

Y así, a media mañana cruzan la puerta de su casa y, con una voz muy potente, Iria exclama:

—¡Hogar, dulce hogar!

Y aunque la pareja se había propuesto esperar unos cuantos años para pensar en tener descendencia, un 26 de mayo de 1980 ven la luz una pareja de mellizos, niña y niño, que les van a bautizar como Nekane y Yago. Un nombre vasco y otro gallego, para contentar a los familiares de ambas partes.

Nekane y Yago de bebés. No hace falta decir quién es cada cual.

La vida de los mellizos, Nekane y Yago se puede decir que transcurría muy feliz, ya que desde muy pequeños pasaban mucho tiempo en casa de los abuelos paternos, en Navarra. Incluso de mayores, con siete u ocho años, estaban los meses de vacaciones escolares, siempre en casa de los abuelos.

Gozaban muchísimo acompañando al abuelo cuando se iba todos los días al campo, con su carro arrastrado por la enorme yegua Tiburcia, el perro Granujilla, la perrica Canela... para pasar todo el día fuera de casa. Ellos, dentro de sus límites, ayudaban en alguna tarea que les pedía el abuelo, pero la mayor parte del tiempo corrían por todo el pedazo de tierra, persiguiendo mariposas, intentando cazar alguna ranita en el pozo de agua para regadío...

En varias ocasiones, volviendo a casa, cuando ya caía la tarde, se habían encontrado con alguna tormenta y el abuelo los hacía bajar del carro para refugiarse debajo, mientras él cogía la azada y demás aperos metálicos que llevaba, más todos los objetos que tenían cada uno, cadenas, relojes, etc., los colocaban en un pañuelo y lo depositaba debajo de un árbol, junto al tronco, hasta que pasaba la situación tormentosa. Más de una vez, pudieron observar algún rayo que caía cerca, en algún pararrayos del pueblo, como por ejemplo la iglesia o en casas nobles que se podían permitir esa instalación. Esas situaciones los hacían estremecer, pero se sentían muy protegidos junto al abuelo, que ya tenía mucha experiencia, como es de suponer.

Hasta aquí muy bien, pero cuando esas tormentas seguían por la noche, o se desataban una vez ya metidos en la cama, la cosa cambiaba muchísimo. En Navarra vivían en lo que se llamaban «chabolas». Se trataba de verdaderas cuevas, realizadas a pico y pala por cada familia, que tenía en este caso su pequeño recibidor, a la derecha el comedor-cocina, con un hogar de fuego y una gran campana al fondo. Una vez dentro, a la derecha, unas dos tinajas muy grandes, que contenían agua que se subía con los caballos desde abajo, el río. En la pared colgando, un cazo para sacar el agua necesaria y poder utilizar en cada momento; a la izquierda, un mueble que contenía todo lo necesario para cocinar y comer. Seguido de las tinajas, una pequeña ventana que daba al exterior y debajo la pica que hacía de fregadero y desaguaba a una pequeña acequia fuera de la chabola. En el centro del comedor, justo enfrente de la ventana, un hueco tamaño puerta que daba paso a una estancia sin ningún respiradero, que hacía las veces de despensa y almacén de productos del campo. Y en el centro, de nuevo otro hueco, donde había una pequeña habitación con una cama individual.

La fachada de una de las chabolas, con las mismas características de casi todas.

Seguimos en la entrada principal y enfrente mismo, una abertura, esta sí con una puerta, ya que era el dormitorio del matrimonio (los abuelos de Nagore y Gari). Y a la izquierda, otro hueco que daba paso a una estancia bastante grande, con una ventana hacia el exterior, a la izquierda, donde había tres camas individuales y lo mismo que en el otro lado, enfrente de la ventana, un paso a otra habitación, con dos camas individuales más. Eso sí, en cada habitación había armarios suficientes para guardar la ropa de todos los que allí dormían.

Si, por una parte, era algo claustrofóbico, por otra tenía una ventaja en los niños, ya que en este caso no se angustiaban ni tenían miedo cuando había una buena tormenta. La razón era porque no veían la luz de los rayos y relámpagos, ni tampoco oían los truenos.

Croquis del interior de una chabola, tal como se describe en este relato.

En cambio, cuando iban a casa de la abuela paterna, era todo lo contrario, pues prácticamente vivía sola y los pequeños podían disfrutar de una habitación para cada uno. Como ese pueblo era más grande, aunque sin tener el título de ciudad, lo podríamos llamar así. Y, cuando les pillaba una tormenta, tanto si era de día como de noche, les comenzaba a coger una gran angustia. Si les pillaba de noche, ya todos en sus camas, para dormir o una vez dormidos, se creaba siempre la misma situación. Primero, Nekane interpelaba a la abuela:

—Abuela, tengo miedo. ¿Puedo ir a su cama?

Y Yago, seguramente para hacerse el «macho», esperaba un buen rato más, pero al final se podía escuchar igual que Nekane:

—Abuela, ¿puedo ir a su cama?

Naturalmente, la abuela nunca se negaba a recogerlos a los dos en su gran cama, o al menos a ellos así les parecía, abrazándolos como una clueca con sus polluelos.

A medida que se hicieron mayores, como era de esperar, estas situaciones ya no se repetirían, aunque, curiosamente, cuando Nekane se va a su habitación a dormir, sigue bajando las persianas y corriendo las cortinas, si las hay; mientras que Yago, por el motivo que sea, prefiere mantener la persiana recogida y no le afecta para nada la claridad que entra por la ventana, incluso en caso de alguna tempestad nocturna, parece que duerme mucho mejor.

26 de mayo de 1999

Es el cumpleaños de Nekane y Yago, que aprovechan un día que todos están de muy buen humor para comunicar a sus padres que, junto con dos compañeros del colegio, quieren ir de ahí a dos meses a hacer el Camino francés de Santiago y que sería un buen regalo de cumpleaños que les ayudasen a financiarlo. Siguen unos minutos de silencio, con miradas conflictivas entre Iria y Gari, que, finalmente, reaccionan y responden:

—¿Ya sabéis dónde os metéis? —dice Gari—. Además, es Año Santo, o sea Xacobeo, por lo que es más que seguro que va a estar repleto de gente.

—Sí, pero los cuatro nos llevamos muy bien y seguro que vamos a salir de cualquier apuro —responde Yago.

—Pero siempre pueden surgir imprevistos —sigue Iria—. Ya visteis lo que nos pasó a nosotros…, pero bien, hoy estáis cumpliendo vuestros diecinueve años y posiblemente deberéis seguir vuestros estudios lejos de casa, lo más probable en Santiago de Compostela, y esa sería una buena preparación y, al mismo tiempo, buscar información. Por nosotros, adelante.

Dicho y hecho. Un mayo muy intensivo, entre los preparativos para el Camino y los exámenes, aunque con gran entusiasmo salen victoriosos en todo.

19 de junio de 1999 (Roncesvalles)

Ese día que amanece resplandeciente del todo, favorece las despedidas de los correspondientes familiares de los cuatro jóvenes, que los acompañan a la estación del tren para subir al que les llevará hasta Pamplona y de allí un autobús a Roncesvalles, donde habían decidido comenzar.

Hasta ahí todo sin problemas, tal como tenían previsto, pero una vez en la Real Colegiata de Santa María, se encuentran que está todo a tope, lo mismo los hostales, pensiones…

Cansados de dar vueltas, se sientan en la acera de delante del albergue, muy cerca de otro peregrino, que a ellos les parece muy mayor y que, al escuchar lo que hablan entre ellos, les interpela diciéndoles que le perdonen por haber prestado atención a lo que decían, mas es posible que pueda ayudarlos, pero que sin perder tiempo, lo sigan. Entran todos al albergue y la hospitalera que se encarga de acoger a los peregrinos exclama:

—Henri, vas a llegar tarde a la misa del peregrino.

—No sufras, guapa, es que te traigo a este grupito de jóvenes, que no encuentran dónde dormir y llevan todo el día de viaje y están muy cansados.

—Bien, venid todos conmigo, que no tardaremos en solucionarlo.

En un momento llegaron a una salita que hay cerca de los servicios y duchas, donde detrás de unas cortinas se halla un montón de colchonetas apiladas. Cogen cuatro, las echan al suelo, después depositan sus mochilas alrededor y salen muy aprisa para dirigirse a la Colegiata y poder asistir a la misa del peregrino; después de la oración de los peregrinos y acabar con la bendición que recita el sacerdote, en un gran número de idiomas diferentes.

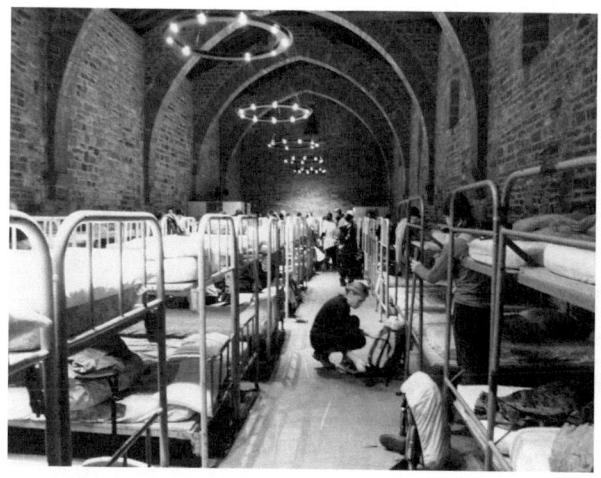

Interior del albergue de peregrinos público de Roncesvalles.

Inmediatamente, sin perder tiempo, se dirigen al restaurante que hay cerca para cenar el menú del peregrino, que es más económico que para el resto de gente, que casi llenan todo el comedor, gracias a un tique especial que les han dado en el albergue cuando se han inscrito.

Durante la cena, Henri les cuenta que nació en Barcelona, donde pasó su infancia y juventud, pero que cuando tuvo que ir al Servicio Militar, le tocó en la población de Puigcerdá, donde le encantaron aquellas tierras y, especialmente, las montañas del

Pirineo. Solo faltó que se enamorara de una jovencita francesa, que conoció haciendo montañismo y durante los meses de «mili» se prometieron y encontraron un piso a su gusto en La Tour de Carol y se hipotecaron para poder adquirirlo en propiedad, gracias a que muy pronto Henri encontró trabajo y ella ya tenía uno muy bien remunerado. Al casarse, Henri aprovechó para cambiar su nombre (antes Enrique) o, mejor dicho, traducirlo del castellano al francés. También les cuenta que gracias a todo eso, ahora habla perfectamente el catalán, el francés y el castellano.

Cuando acabaron de cenar, de camino al albergue, quedan de acuerdo en que a la mañana siguiente saldrán juntos y así Henri les podrá dar unas pequeñas instrucciones a seguir para no perderse, etc.

20 de junio de 1999
Roncesvalles-Zubiri (21,8 km)

Poco después de las seis y media de la mañana, cuando el sol comienza a iluminar todo, salen los cinco para comenzar su aventura e, inmediatamente, los jóvenes se fijan en que Henri calza las mismas sandalias que llevaba el día anterior, pero prefieren no decir nada, hasta ver cómo sigue el día y los posteriores. Siguen así, por terreno montañoso, teniendo que pasar dos «altos». En uno de ellos, el Alto de Erro, encuentran una *roulotte* que se ha montado un paisano de Zubiri, con bebidas, cafés... Y ha instalado unas mesas con sillas debajo de grandes sombrillas, que por lo visto comenzó para aplacar la sed y hambre de los deportistas que hacen rutas en bicicleta, pues en Navarra hay mucha afición, pero ahora se van sumando los peregrinos que han de pasar forzosamente por ese «oasis». Cuando Nekane y compañía dejan sus mochilas apoyadas en una caja de plástico, de las que suelen llevar frutas, verduras, etc., ven un rótulo escrito a mano que dice:

Leave what you don't need. Take what you need. Looking for husband? Leave your underwear here.

Lo que viene a significar que las chicas que quieran encontrar pareja dejen su ropa interior ahí. Cuando preguntan al dueño de la *roulotte* por qué está eso ahí, les contesta que, hace poco tiempo, una chica extranjera, que hacía su camino a Santiago, dejó su sujetador en la caja, por el motivo que fuese (porque estaba roto o le molestaba) y cuando de regreso a su país pasó expresamente por ahí para explicar que, poco antes de llegar a Santiago, encontró novio y parece ser que fue el deseo que hizo cuando dejó su prenda íntima en esa caja. Y según cuenta el navarrico, actualmente son muchas las chicas que imitan a esa peregrina, dejando sus prendas íntimas en el cajón, donde hay más sujetadores que braguitas, pero es que, además, ya no son solo las peregrinas, sino que incluso en alguna ocasión para algún coche de Pamplona o alrededores, para seguir ese ritual, que ya se va haciendo famoso, o más bien supersticioso. Después de hacer un pequeño receso para tomar algo y sellar sus credenciales, el grupito sigue bajando hacia la población de Zubiri.

De vez en cuando, se encuentran con el paso cerrado y vallado, con unas pequeñas puertecitas que tienen rotulado lo siguiente: «Abra el portillo» y a la salida, naturalmente, «Cierre el portillo». Es porque en ese pedazo de terreno, habitualmente llevan los rebaños de pastoreo y así evitan que se alejen demasiado o se metan en terrenos vecinos.

Uno de los muchísimos «portillos» en la zona alta de Navarra.

Como algo anecdótico, antes de llegar al final de esta primera etapa, hay que salvar un río, donde han colocado unas grandes piedras que hay que pasar con mucho cuidado, pues están algo separadas y con la humedad se puede resbalar, pero Henri lo cruza caminando por el agua, como si nada, mientras el resto pasa sus apuros para lograrlo.

Ya a punto de ir a dormir, en un albergue muy familiar, quedan de acuerdo en que al día siguiente van a probar de ir por separado, para ver cómo se desenvuelven los jóvenes y que seguro que ya coincidirán en algún otro lugar, bien sea para parar a tomar algo o descansar un poco y si no, casi seguro en el alojamiento de ese día, ya que el público no es muy grande y no quieren que les pase como en Roncesvalles.

21 de junio de 1999
Zubiri-Pamplona (20,8 km)

Al pasar por Larrasoaña, los jóvenes se desvían un poco para visitar la población, tomar algo y, de paso, entrar en el albergue municipal para sellar sus credenciales. Una vez ahí, les atiende el alcalde, que a su vez hace de hospitalero y, de hecho, el edificio del Ayuntamiento es donde está instalado el albergue. Les enseña multitud de fotografías y el libro donde los peregrinos que pasan dejan algo escrito de agradecimiento... algún dibujo, etc.

También cuando pasan por Trinidad de Arre, entran al albergue para sellar y lo mismo que en Larrasoaña, son muy bien atendidos por el hospitalero, que es uno de los hermanos maristas de esa Basílica.

Una vez instalados en el albergue municipal de Pamplona, que se halla en un tercer piso justo pegado a la Iglesia de San Saturnino (patrón de Pamplona), que además han llegado justo para ocupar las últimas plazas, ya que es muy pequeño, salen a buscar algún lugar donde poder comer, a ser posible algo típico de esa región y una vez de vuelta al alojamiento, se encuentran sentados en un lugar destinado a leer, escribir, etc., un peregrino que es de Australia y les cuenta que ya hizo el Camino francés el año anterior, pero que a causa de unas molestias, que los chicos no acaban de descifrar de qué se trata, tuvo que descansar unos días, quedando pendiente por realizar el tramo entre Pamplona y Puente la Reina y ahora piensa hacerlo para completar todo el trayecto, con lo que tanto Nekane como Yago se quedan petrificados, pues hay que tener mucha devoción para venir desde el otro lado del planeta solo para hacer 23 km. Seguramente, lo habrían entendido si viviera en algún lugar de la península e, incluso, de algún país europeo, pero tiene gran mérito y mayor admiración esta decisión que ha tomado.

22 de junio de 1999
Pamplona-Puente la Reina (23,5 km)

Después de cruzar prácticamente toda la capital de Navarra, pasan en la salida una fuente medieval que les llama mucho su atención.

La fuente medieval, a la salida de Pamplona.

Poco después, llegan a Cizur Menor y, como siempre, hacen su parada para tomar algo que les ayude a seguir. Ahí se encuentran con Henri, que les lleva a visitar la iglesia de los sanjuanistas, que llevan los integrantes de la Orden de Malta. Los impresiona la gran capacidad que tiene de resonancia cuando un joven peregrino se pone a cantar el *Hallelujah,* de Leonard Cohen y, al final, acaban todos coreando. ...

La iglesia de la Orden de Malta, enfrente del albergue público de Cizur Menor.

Justo en el centro del pueblo, Henri les lleva a un establecimiento que confecciona un dulce y que es de los más buenos que puedan probar. Se trata del Goshua, que comparan con la crema catalana, aunque aquí lleva una base de bizcocho. Efectivamente, les ha encantado y toman nota en sus libretitas, guías... para cuando vuelvan a pasar por aquí. Además, el dueño les ha tratado de maravilla, en parte, porque ya conoce a Henri. Al acabar, Henri los acompaña casi enfrente de este establecimiento, donde se halla el albergue de Maribel, que según parece fue el primero en Navarra. Allí pueden sellar sus credenciales, hablar un buen rato con Maribel, que les enseña todo el albergue, el gran patio exterior, la fuente con sus tortugas… y luego siguen ya cogiendo la cuesta que los ha de llevar al Alto del Perdón, que a los chicos no les cuesta mucho, ya que llevan delante una peregrina extranjera, que ha salido de la laguna que hay antes de Guendulain y que, al llegar a Zariquiegui, se dirige al albergue, donde debe estar alojada.

Aunque sobran las presentaciones, ahí está la peregrina bañista.

Ellos aprovechan para hacer una rápida parada, pues Henri los quiere llevar a una tiendica que hace unos dulces que se llaman tortas de *txantxigorri,* que les hacen coger fuerzas para continuar. Casi llegando al alto, Henri les enseña una fuente, escondida en medio de la maleza, que le llaman Reniega por una leyenda que se cuenta que hace siglos aquí se aparecía el demonio, para tentar a los caminantes y ofrecerles agua a cambio de que renegaran de su religión. Pero, por lo visto, un peregrino muy sediento, cuando ya estaba dudando y a punto de renegar de su fe en Dios, rechazó el agua y entonces el diablo se esfumó y apareció un ángel que hizo brotar agua en ese mismo lugar. De ahí el nombre, aunque también mucha gente la llama Fuente de la Teja.

Y una vez en el Alto, el grupo puede disfrutar de una magnífica vista, viendo lo que ya han dejado atrás y la fuerte bajada que les espera a partir de aquí.

Solo comenzar a bajar, les pasa un peregrino en bici y, al poco rato, pueden sentir sus exclamaciones y unas cuantas palabrotas para quejarse de la gran cantidad de piedras que hay en todo lo ancho del camino.

Una vez se acaba la sufrida bajada, se encuentran inmersos en campos y más campos, con viñas, almendros... Y, curiosamente, a los peregrinos les llama la atención que, en las copas de los árboles, hay una especie de nidos, pero que no están hechos de ramas secas, sino que todo es verde y, poco antes de pasar por Uterga, ven a un vecino del pueblo que carga con una azada, por lo que se debe dirigir a su pedazo de tierra y después de saludarlo, uno de ellos le pregunta: .

—Por favor, ¿nos podría explicar qué es eso parecido a un nido que hay en todos esos árboles?

—Sí, claro. Se trata del muérdago, que es más conocido porque en muchos hogares, por fiestas de Navidad, se utiliza como adorno e incluso se hacen unos ramilletes para regalar, pues dicen que trae buena suerte. En realidad, es una planta parásita que, como podéis ver, deja a los árboles totalmente secos y, al final, muertos. Lo mismo con la viña y otras especies, que podréis contemplar por estos campos. Lo peor es que no se puede hacer nada cuando ya se han apoderado de lo que buscan. Además, cuando fuimos a consultar a un experto, nos dijo que se utiliza en laboratorios farmacéuticos para algunas medicinas.

—Muchas gracias, hoy hemos aprendido algo muy interesante.

Un almendro atacado por el muérdago.

Al llegar a Muruzabal, Henri comenta al grupo de chicos que, aunque tendrán que hacer un par de kilómetros más, merece la pena desviarse para hacer una visita a la ermita de Eunate. Así lo hacen y, cuando llegan, quedan maravillados al ver esa ermita que se enclava en el centro de un claustro; o sea, que el claustro es totalmente exterior alrededor de la ermita. Henri les cuenta que Eunate significa «cien puertas», ya que hay treinta y tres arcos en el claustro más la puerta de entrada. Los chavales se quedan perplejos y Nekane dice:

—Pero, treinta y tres más una son treinta y cuatro, ¿no?

—Se nota que eres buena estudiante, pero es que, según la leyenda, aquí hay que dar tres vueltas al claustro antes de entrar, por lo que treinta y tres por tres más una es igual a cien.

Así se ponen en marcha todos para dar esas tres vueltas y después entrar en la ermita. Están un buen rato para admirar esa hermosa construcción que, además, es octogonal. Cuando salen, Yago dice:

—Estando en el interior, he notado unas sensaciones muy especiales que no sabría explicar.

—Exacto, Yago —responde Henri—, y supongo que casi todo el mundo, aunque no digan nada, también debe notar algo especial, ya que este es un punto telúrico y por eso construyeron la ermita en este lugar exacto.

La ermita de Eunate, con su claustro exterior.

Entonces, al salir del interior de la ermita, Henri les hace ver uno de los capiteles que hay esculpido un rostro que, en apariencia, es el de un anciano con barba puntiaguda, pero que, si se mira en sentido contrario, es la carita de un «bebé».

El relieve del capitel que parece una persona mayor, con barba.

Y, si giramos la fotografía, parece más bien un bebé.

Finalmente, llegan a Puente la Reina para dejar todo en el albergue público y poder salir a visitar esta localidad, que de antemano parece ha de ser muy interesante.

Y así es, pues solo andar unos cuantos metros se halla la iglesia del Crucifijo, que en uno de los altares tiene a Jesucristo en la cruz, pero esta tiene forma de «Y».

Uno de los varios crucifijos que existen en forma de «Y».

Un poco más adelante, en plena calle Mayor, por donde pasa el Camino, está la iglesia de Santiago, cuya figura del Apóstol cuentan que la hallaron en la calle, justo delante de la iglesia, mientras abrían una zanja para pasar unas tuberías.

Y ya, al final de la calle, para salir del pueblo, hay un magnífico puente, que también tiene algunas historias. Una de ellas es que en una hornacina hay una Virgen, llamada del Txori (que en euskera significa «pájaro») y dicen que es porque un pájaro, de vez en cuando, le limpiaba la cara con su pico.

23 de junio de 1999
Puente la Reina-Estella (22,1 km)

Después de pasar el puente sobre el río «salado», que, según cuenta la historia, en los primeros siglos de existencia del Camino, algunos perversos se situaban aquí, al acecho, esperando el paso de los peregrinos, que entonces la mayoría iba a caballo y les dejaban beber para que al final estos se murieran (los caballos) por la cantidad de sal que llevaba el agua. Entonces se los lleva-ban, los destripaban y ya tenían comida para unos cuantos días. Realmente, puede ser cierto, ya que, al pasar por aquí, se puede ver la sedimentación impregnada en la tierra y todo su alrededor.

Los mellizos cruzando el túnel antes de entrar en Lorca.

Pasan por un túnel, debajo de la carretera, y seguidamente llegan a la cuesta bastante empinada que los lleva a la entrada

44

de la población de Lorca y, justo delante de la iglesia, ven en el suelo una prenda de ropa, de color amarillo, en medio del camino y Yago se para para ver qué es. La recoge y es una camiseta con un estampado que representa la cabeza de un tigre y unas letras bastante grandes que dicen: «ATHLETIC TIGERS», que suponen debe ser de alguna peña del Athletic Club de Bilbao. Se la lleva y, aunque a primera vista se ve bastante limpia, Yago la huele y su aroma es de jabón, por lo que debe estar recién lavada, que es casi seguro, y la llevaría alguien colgada de la mochila para que se acabara de secar, cayendo al suelo cuando pasaba por ahí. Al llegar a su alojamiento, la lavan junto a la demás ropa, ya que tocaba colada, para más seguridad y piensan que ya encontrarán a su dueño… alguien que sea del norte, hable en euskera o de fútbol.

La camiseta que encontraron los hermanos.

24 de junio de 1999
Estella-Los Arcos (21,3 km)

A poco de salir de Estella, a la altura de Ayegui, pasan por delante de unas bodegas de vino, donde un cartel dice que puedes beber de la «fuente del vino», pero que no cargues para llevarte más, ya que tiene que haber para todos los peregrinos que pasen por allí. Pero, ¡sorpresa!, la reja que da entrada a esa fuente, donde hay dos grifos, uno de agua y otro de vino, está cerrada y se llevan una gran decepción, por lo que deciden continuar su camino. Justo cuando van a arrancar su paso, llega una peregrina (que muy pronto averiguarán que es brasileña), con su hijo de unos siete años, acompañados de un peregrino mayor, que es de esas tierras, y ella, muy decidida, descarga su mochila, escala la reja y desde el otro lado les va pasando un vaso de plástico que lleva, para que todos puedan probar ese vino que mana de la fuente.

La llamada fuente del vino, aunque también hay otro grifo que mana agua.

Así siguen unos pocos kilómetros más, comentando este buen rato que han pasado y qué buena gente han encontrado, pues no es que haya muchos peregrinos y menos que puedan coincidir durante la etapa. Entran en la localidad de Ázqueta y en la primera casa que se encuentran, hay un señor trabajando en su huerto y le preguntan si en el pueblo podrán encontrar algún lugar donde hacer una pequeña pausa, para tomar alguna cosa como desayuno. El señor, muy amable, les dice que esperen un segundo, que va a salir a su encuentro para seguir hablando. Efectivamente, se asoma por la puerta de su casa y les llama para que pasen. Una vez dentro, se presenta como Pablito, pero que todo el mundo le apellida «el de las varas», lo que les deja un poco perplejos, pero él sigue hablando. Les cuenta que en el pueblo no hay ningún bar o establecimiento parecido donde tomar algún bocado, pero que no se preocupen, que él les servirá alguna cosa. En pocos minutos, les saca una bandeja con pastas y alguna bebida que les sienta de maravilla. Mientras tanto, les sella sus credenciales y les explica el motivo de que le llamen de esa forma, ya que cuando hace unos años hizo su Camino a Santiago, en un momento determinado tuvo un percance, pensando que no podría llegar a su destino, pero un peregrino que iba con un bordón le dijo que le daba el suyo, pues ya estaba a pocos kilómetros de llegar y no le haría falta. Por eso, ahora, como agradecimiento, regala a los que van sin bastón o bordón una vara de las que él mismo prepara con ramas de avellano, para que puedan continuar sin problemas. Luego, los acompaña a su jardín, donde hay un árbol con un tronco un poco retorcido y sus ramas también, y les pregunta qué es lo que ven. El compañero de Nekane y Yago dice que un elefante y lo acierta. Después, entran a su pequeño almacén, donde colgados del techo están todos esos bordones o varas para regalar… y unas piedras enterradas en el suelo, como unos grandes medallones, que dice rescató de unas obras que hacían en la carretera hace unos años. Los muchachos le agradecen muchísimo ese detalle y su invitación, pero no pueden entretenerse mucho, ya que parece que el tiempo va a cambiar por los nubarrones que se aproximan.

Antes de llegar a Villamayor de Monjardín, se encuentra una fuente medieval, también llamada «de los moros», ya que fue obra de los árabes que pasaron por ahí. Realmente es una gran obra, pues calcularon que el sol nunca iluminara todo el recinto, para evitar que en el agua hubiera posibilidades de albergar vida animal o vegetal y que fuera siempre nítida y potable, para suministrarse las personas y las caballerías. Entonces, calcularon los arcos de la fachada de tal forma que nunca ocurriera esto y solo llega la luz solar hasta tres o cuatro escalones, justo donde está el peregrino de la fotografía. Eso significa que por la izquierda de la foto se ve cómo baja el agua, pero por mucho que llegue a entrar en el aljibe, nunca sobrepasará ese escalón, ya que para eso en el centro (detrás del peregrino) hay un desagüe. Y, efectivamente, se puede comprobar que no hay ni una planta de agua o alga, ni renacuajos u otros animales de agua. Hay que reconocer que los árabes eran los señores del agua.

La fuente medieval o de los moros, con sus arcos tan precisos.

Esta es la fotografía a que se hace referencia más arriba.

Y solo salir de Villamayor de Monjardín, se pasa por una fuente que hay que aprovechar para cargar agua, ya que después son unos doce kilómetros casi desérticos, pues son campos de cereales que en la época de verano están todos cosechados.

Este es el paisaje que lleva hasta Los Arcos, desde Villamayor de Monjardín.

Los jóvenes aprovechan el posible aburrimiento del paisaje para pasar un rato divertido.

25 de junio de 1999
Los Arcos-Logroño (27,9 km)

Después de la lluvia que cayó por la tarde anterior y siguió toda la noche, parece que por ahora no hará falta ponerse las capas.

Aun así, el grupo procura no entretenerse demasiado, ya que hasta llegar a Viana habrá que pasar varios barrancos, lo que representa tener que subir y bajar varios desniveles. Incluso uno de los tres o cuatro barrancos lleva el nombre de Mataburros, o sea, que más valía estar atentos y ayudarse con las varas de Pablito.

Pero en Torres del Río, cuando se paran para tomar alguna cosa sólida, la chica del bar les dice que merece la pena ver la iglesia octogonal que hay allí cerca. Les da el teléfono de una señora del pueblo, que es quien se encarga de abrir para las visitas. Muy agradecidos, salen después de hacer la llamada correspondiente y la señora les abre la iglesia, les da unas explicaciones muy interesantes y ellos dejan un donativo en la caja que hay dispuesta en una mesita a la salida y les pone su sello en las credenciales.

Poco antes de llegar a Viana, Henri se halla bajando una cuesta en medio de un bosque y ve abajo a los cuatro jóvenes, sentados en la baranda de obra del puente que hay que pasar para salvar un pequeño río. Al verlo, los chicos estallan de alegría y uno de los amigos de los mellizos, al levantar los brazos, le cae la riñonera al agua. Inmediatamente, Henri suelta su mochila, depositándola en el suelo y corre metiéndose en el río para rescatarla antes que la corriente se la lleve sin remedio.

—Muchas gracias, Henri.

—Tranquilo, saca todo lo que llevas dentro, a ver si se seca mientras estamos un rato por aquí.

Pasa un buen rato de charla entre los cinco peregrinos y sin perder tiempo, Henri se despide.

—¡¡Adiós!! Nos veremos más tarde.

—¡¡¡Adiós, Henri!!!

Los chicos siguen y, al entrar en Viana, se encuentran con que están de fiestas de verano, por lo que muchas calles principales están cerradas con los típicos maderos que colocan para poder correr los encierros. Efectivamente, después de dar algún rodeo, pueden llegar al centro de la ciudad y entre la multitud, reconocen a una pareja, ella de Sabadell y él, de Ferrol, que van junto a un buen grupo de gente, todos con el pañuelico rojo en el cuello. Estos dos jóvenes, con los que ya habían coincidido en algún día anterior, les explicaron que justo hace dos años se conocieron aquí en Viana, cuando ambos estaban haciendo el Camino a Santiago y ahora decidieron casarse (por lo civil) en Viana y en este justo momento estaban a punto de entrar en el Ayuntamiento para celebrar la ceremonia. Invitan a los cuatro peregrinos por si quieren estar en este acto, pero ellos responden que hoy tienen previsto alojarse en Logroño y no quieren entretenerse mucho, pues el tiempo no es del todo fiable. De todos modos, esperan a que comience la ceremonia para hacer una fotografía y, agradeciendo esta invitación, se despiden, deseándoles mucha suerte y felicidad en su vida matrimonial, pensando que ya será difícil coincidir más adelante en el Camino, pues los recién casados piensan quedarse un par de días, más que nada por los familiares y amigos invitados, ya que todos viven bastante lejos de aquí y han tenido que desplazarse, por lo que también les apetece estar un par de días y disfrutar todos juntos.

La ceremonia de la boda de los dos peregrinos.

Curiosa fotografía de dos hermanos (seguramente, gemelos), paseando sus dos perricos, que es posible que también sean hermanitos.

A la salida pasan por delante del albergue público y, como está abierto, deciden entrar para sellar las credenciales. Al mismo tiempo, aprovechan, ya que les dan permiso, para poder ver cómo es, pues tiene varias plantas y es precioso. Curiosamente, en casi todos los dormitorios las literas son de tres pisos, lo que les llama mucho la atención.

Una de las habitaciones del albergue de Viana.

26 de junio de 1999
Logroño-Nájera (29,1 km)

Hoy toca madrugón, pues la etapa es de casi 30 km y parece que el calor va a apretar, aunque a primera hora hay que taparse con una buena chaqueta, pues la temperatura es muy baja. Como hasta la primera población son más de diez km, hacen un pequeño desayuno en el albergue, con lo que compraron ayer por la tarde en Logroño.

La salida es muy bonita, por el parque de La Grajera, que, curiosamente, es como le llaman en algunas ciudades «la ruta del colesterol», pues hay innumerables personas caminando, corriendo, en bici, paseando el perro... incluso, muchas ardillas, que ya están familiarizadas con todo el que pasa por ahí y se acercan para ver si cae algo que meterse en el cuerpo. Casualmente, Yago lleva unas nueces que compró ayer, por si a media mañana le entraba hambre, y se las echa cada vez más cerca, hasta que se las cogen de la mano, sin temor a que huyan asustadas.

Mientras van caminando, ven más adelante a dos peregrinos, que les da toda la impresión de que son Don Quijote y Sancho Panza, por la diferencia de altura entre ellos. Al alcanzarlos, como acostumbran a hacer en estos casos, además de decirse «buen camino», les preguntan de dónde son, cómo se llaman, desde dónde vienen...

Resulta que el más alto, muy joven, por cierto, es de Liechtenstein y el más bajito, del País Vasco. Parece imposible que se puedan entender, pero es que el joven rubio ya lleva unos años por aquí, trabajando en Málaga, por lo que habla perfectamente el castellano. Nos cuenta que su compañero es el «ciclistorro», pues en otra ocasión ya hizo este Camino, pero en bicicleta. Siguen todo el grupo juntos hasta Navarrete, donde esta pareja sigue y los demás se quedan para comer algo.

Curiosa fotografía de los dos peregrinos.

Curiosamente, hoy es, quizás, el día que se van encontrando más peregrinos, en comparación con los anteriores. Claro, es sábado y generalmente los fines de semana es cuando más gente comienza a caminar y, además, ya se han acabado el cole, los institutos, las universidades...

Poema escrito en un muro, antes de entrar en Nájera, obra de Eugenio Garibay Baños, que fue párroco de un pueblo cercano a esa ciudad (antigua capital de Navarra).

Y cuando llegan a su destino, Nájera, el albergue es muy pequeño y les mandan al polideportivo, donde, al entrar para inscribirse, les dan un tique a cada uno para poder entrar gratis a la piscina municipal. A media tarde, aprovechan para acercarse a la piscina y la mayoría son peregrinos, que rápidamente se juntan en grupitos, según se han ido conociendo por el camino. Posiblemente, el de Nekane y Yago sea de los más grandes, ya que han ido conociendo a muchos andarines y, como siempre, se lanzan a hablar con ellos.

Polideportivos que acogían a los peregrinos.

27 de junio de 1999
Nájera-Santo Domingo de la Calzada (20,8 km)

De salida, ya se barrunta que hoy va a ser un día tormentoso, por lo que comenta la gente de aquí y más tal como se ven los nubarrones, por lo que habrá que aprovechar que el paisaje es de campos y más campos, que la mayoría ya han recolectado y no tiene mucho atractivo, para llegar cuanto antes al destino previsto. Por lo visto, no son los únicos peregrinos que opinan así, pues se ve más gente que en días anteriores haciendo este mismo recorrido, aunque el día anterior ya se adivinaba por tantos y tantos que había por Nájera.

Toca la parada de primera hora en Azofra y suerte que ya hay varios bares y cafeterías abiertos, aun siendo domingo.

Aproximadamente un kilómetro después, se encuentran con una columna, que ellos no saben qué es, pero un pequeño rótulo en la base se lo aclara un poco. Se trata de un «rollo de justicia», que es donde antiguamente ataban a quien hubiera hecho algún acto violento, robo… y se supone que lo azotaban o dejaban para que todo el mundo lo pudiera ver y tomar nota de lo que le podría pasar en caso de delinquir.

Uno de los rollos de justicia, en este caso, a la salida de Azofra.

No se entretienen demasiado, pues, por detrás, se van acercando nubarrones que pintan mal. Pero, como pasa a menudo, cuando más prisa tienes, más inconvenientes te encuentras. Poco después del rollo de justicia, llega por delante un gran rebaño de ovejas, que obliga al grupo a dispersarse un buen rato para seguir después.

Poco antes de Cirueña, el grupito de Nekane, Yago y compañía, paran a tomar algo en un campo de golf, aprovechando que hay una fuente, para tomar un trago de agua y llenar sus recipientes, pues no hay más poblaciones hasta Santo Domingo y aprovechando que en ese momento la tormenta que ya se preveía ha ido en aumento. Salen lo antes que pueden, después de que la lluvia parece que ha bajado su intensidad y, cuando deben llevar un par de kilómetros subiendo una cuesta, ven una máquina recolectora, con su correspondiente remolque, que viene de cara a mucha velocidad, por lo que han de tomar una decisión lo más rápido posible. Yago les grita a los demás que se echen a la cuneta y se agachen lo máximo que puedan. La máquina les pasa justo por encima de sus cabezas y rozando sus mochilas. Cuando ha pasado y se recuperan del gran susto, se levantan y se vuelven para ver qué pasa con todos los que iban detrás de ellos, a no mucha distancia. Por suerte, tenían campos a ambos lados y han podido correr, entrando en ellos, para que no los pillara.

Al llegar al final de esta etapa, entran en un bar para tomar algo y, comentando este suceso, les dicen los lugareños que, por lo visto, en estas fechas ya deberían de acabar con la recolecta, pero que van muy atrasados por algunos días que ha llovido y ahora van con muchas prisas.

La cosechadora que casi barre a los peregrinos.

Aquí se ve otra máquina y los peregrinos que han de salir del camino para pasar por los campos.

Ya en el albergue, todo el mundo comenta lo sucedido y, curiosamente, la mayoría han pasado un mal rato y algunos, incluso, han sufrido pequeñas heridas en la parte baja de las piernas, al entrar en los campos que ya estaban recolectados y han rozado con los rastrojos de los cereales recién cortados por la cosechadora. Además, lo primero que hacen es quitarse el calzado y los calcetines supermojados, con lo que muchos se dan cuenta de que les han aparecido ampollas, con los correspondientes comentarios.

—Yo ya llevo tres, el otro…

—Pues yo cinco, etc.

Y, de repente, entre el silencio de todos los presentes, se oye la exclamación de una jovencita, que por lo que parece debe ser de un país del norte, diciendo:

—Pues yo solo tengo una polla.

Ya nos podemos imaginar la carcajada general que siguió a esta frase.

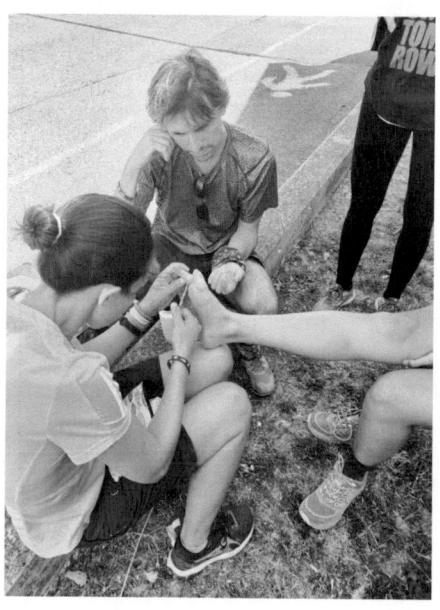

La pareja de mellizos, haciendo curas de emergencia, debido a las ampollas.

Llega la hora de ir a la habitación para intentar descansar al máximo, pues la jornada de hoy, con la lluvia, el susto de la cosechadora, etc., ha hecho mella en todos.

Solo al entrar, cuando todavía no han dado las diez de la noche, todos se quedan perplejos, intercambiando miradas de pánico, pues se oye un fuerte ronquido de alguien que ya debe llevar un buen rato echado en su litera. En silencio se acomodan todos y no hay más remedio que esperar a ver qué pasa.

Uno de los habitáculos de la habitación del albergue público de Santo Domingo de la Calzada.

28 de junio de 1999
Santo Domingo de la Calzada-Belorado (22,4 km)

Prácticamente, la mayoría ha optado por madrugar, pues entre el ruido de la fuerte lluvia que no ha parado de caer, el canto de los gallos ya de madrugada y los ronquidos del peregrino, que a ratos ha llegado a asustar a todos, ya que sufría fuertes apneas, solo se ven caras ojerosas y casi todos bostezando. Para una noche que todos tenían camas bajas y con bastante intimidad, ¡se fastidió el tema!

Encima, hay que ir sorteando los grandes charcos que se han formado con la lluvia y procurar que nadie resbale con el barro que hay por todo el camino.

Pasado Grañón, el grupito alcanza a una coreana bajita, ya mayor, que de lejos parece que también va sorteando los charcos, pero, al llegar a su altura, los jóvenes pueden visualizar bien lo que hace en realidad. Esos pequeños desplazamientos son, ni más ni menos, que para recoger los caracoles que con la lluvia han salido y depositarlos en los márgenes del camino, para que nadie los pise.

Una vez en el albergue y después de la ducha reparadora, se juntan con los demás peregrinos que hoy van a estar aquí, para hacer la comida y pronto a la mesa para saciar el hambre.

Se trata de un albergue muy peculiar, ya que está pegado a la Iglesia Parroquial y se trata de la sala-teatro polivalente y el escenario es la cocina. Las literas están arriba y en el entresuelo, una cama matrimonial, que ocupa una pareja, ya mayor, de Madrid, que al día siguiente corre la voz entre todos de que se trata de un señor casado y con hijos, que va con esta señora, que, en realidad, vive en Zaragoza y por lo que se ve, ¡¡¡son amantes!!!

Uff, al final, es verdad: el Camino es como la vida misma.

Cena comunitaria en el albergue público de Belorado.

65

Después de recoger todo, mientras unos barren otros lavan los platos... Y, al finalizar estas labores, salen a buscar algún lugar para cenar, ya que hoy llevan sueño acumulado, cansancio por la dificultad al caminar con lluvia y barro y pocas ganas de cocinar, pues ya lo han hecho al mediodía. En la plaza principal les parece bien un restaurante donde hay bastante gente, lo que es buena señal y el precio del menú del peregrino es muy cautivador. Mientras esperan la hora de entrar a cenar, se toman un refresco en la terraza y al mismo tiempo pueden observar la gran cantidad de peregrinos que van llegando todavía.

Cuando llega la hora, entran y suben al comedor, se sientan alrededor de una mesa un poco alejada de un gran grupo, se disponen a cenar y todo transcurre con normalidad, hasta que, en un momento dado, cuando ya estaban en los postres, ese grupo grande se pone a cantar, después de un gran repertorio, una jota navarra. Al acabar, Yago se dirige al que parece llevar la voz cantante y le pregunta si son de Navarra, a lo que le contesta que no, que son de Villamayor del Río, muy cerca de Belorado, pero que les gusta mucho todo lo que es el folklore de todas las regiones. Que hoy, con su esposa, que está sentada a su lado, celebran sus bodas de plata y por eso están tan animados, en compañía de sus familiares y amigos más cercanos. Yago le pregunta si se saben la jota que se llama *Venía de la Mejana* y al responder que sí, pide que por favor la toquen y que él le acompañará como «bajo», pues también se la conoce. Efectivamente, se ponen los dos a cantar y todo el restaurante les aplaude fervorosamente cuando acaban. El señor, muy contento, invita a los jóvenes a que tomen un chupito de pacharán, ya que han terminado de cenar. Después, en la mesa de los chavales, seguirán algunos chupitos más, a ver si así esta noche pueden dormir mejor sin escuchar ronquidos.

29 de junio de 1999
Belorado-San Juan de Ortega (24 km)

Tras una plácida noche, sin ronquidos ni más interrupciones, sale el grupo de jóvenes, dispuestos a afrontar esos Montes de Oca, que según les contaron en el albergue, la pasada noche, es lo que dio lugar al famoso juego de mesa. Al llegar a Villafranca Montes de Oca, entran en el que parece ser el único lugar en que se puede tomar algo y, como hay muchos camiones aparcados en el solar de enfrente y sus respectivos conductores están sentados en la terraza del bar, lo que siempre da más confianza en cuanto a calidad, precio… y, especialmente, el trato. En cuanto a esto no hay lugar a dudas, pues el señor que sirve detrás de la barra es un encanto de simpatía y buen humor. Mientras están dentro pidiendo lo que quieren tomar, Nekane se dirige al servicio y, al pasar por delante de la puerta del comedor, que está abierta, ya que hay dos señoras fregando el suelo, ve cómo se pasea un jabalí, sin que ellas se inmuten… Cuando regresa con sus compañeros, Nekane les cuenta lo que ha podido ver. Ellos se quedan perplejos, como pensando que Nekane ha visto visiones o algo parecido. Le dicen al camarero si es así y les explica que es verdad, que está aquí desde hace mucho tiempo, como si de un perrico se tratara. Y, seguidamente, les cuenta que hace pocos años, cuando era un jabato todavía, una noche que tenían el comedor prácticamente lleno, se escapó de la cocina y se metió entre los comensales, cundiendo el pánico, hasta el punto de que unas monjas, que estaban cenando, se subieron a las mesas muy asustadas.

No tardan mucho en tomar lo que pidieron, pues la etapa se presenta con alguna cuesta y un poco larga.

Justo cuando ya se encuentran al final de la primera subida pueden ver cómo cruzan el camino una manada de jabalíes. Primero, un gran ejemplar, que debía ser el macho, o sea, el cabeza de familia; después, dos más pequeños y, al final, otro más grande, que seguramente se tratase de la hembra, o sea, la madre de los dos jabatos. Con mucho silencio, siguen adelante muy decididos, pero un poco intranquilos, por si tienen otro encuentro no tan pacífico.

Cruzan todo el monte, para bajar hasta San Juan de Ortega, donde la hermana del párroco José Mari les hace la recepción y otra señora los acompaña a las respectivas habitaciones, pues, al tratarse de un lugar religioso, las mujeres duermen en una habitación y los hombres en otra, pero al comentar que los jóvenes son dos parejas de hermanos, más Henri, que es ya mayor, los instala en una habitación de seis plazas, para ellos solos. ¡Qué lujo! Entonces, les dice que, a partir de las ocho, pueden bajar al comedor, donde hay una cena comunitaria y que cada uno puede aportar algo como segundo plato, ya que antes don José Mari sirve una sopa de ajo.

Como ya se acerca la hora de comer, salen a ver qué hay, pero nada de tiendas, solo un bar que les ha parecido que el trato no es demasiado cordial y, al salir, ven que casi delante del monasterio hay un buen grupo de gente, la mayoría peregrinos, alrededor de una gran paella, que desprende un olor exquisito. Se interesan a ver qué pasa y les comentan que cada año, por estas fechas, una Asociación Gastronómica de La Rioja se desplaza hasta aquí para hacer este plato popular, para todos los que quieran. Naturalmente, ellos se apuntan a la invitación y, además, se ponen en marcha para ayudarlos en las tareas, para repartir el arroz, servir las bebidas… Al acabar, Yago y compañía invitan a los integrantes de la Asociación para que los acompañen al único bar y tomar un café, ya que eso es lo único que no llevan, sentándose en las mesas de la terraza. Entonces Yago entra en el local para pedir los cafés, los chupitos… y el chico de la barra le dice que ya puede ir afuera, que en unos instantes saldrán a servirles. Cuando sale con la bandeja y todo lo que han pedido, el chaval, al reconocer a algunos de los de la Asociación, tira la bandeja con todo y les grita que vayan donde la paella para que les den café. Mejor no comentar cómo acabó ese suceso.

La paella popular en San Juan de Ortega.

Una vez olvidado el tema del mediodía, se dirigen todos al comedor del albergue, que muy puntualmente está ya todo lleno

69

y al poco rato llega una gran olla con la sopa de ajo, que traen don José Mari y su hermana. Seguidamente proceden a repartir a todos una porción de esa sopa, que según comentan más tarde, estaba riquísima. Si alguien quiere más, puede repetir, hasta que se acabe, lógicamente. Al final, el párroco dirige unas palabras a todos y pregunta qué tal ha ido la cena y especialmente la sopa. La opinión unánime «es que estaba deliciosa» y entonces un peregrino joven le pregunta si les puede decir cómo la hacen. Él, muy ceremonioso, va nombrando despacio cómo han ido añadiendo todos los ingredientes y que lo más interesante es al final, ya que él en persona se dirige al último peregrino que ha llegado para pedirle que le deje sus calcetines y entonces los añade a la olla… pero solo para dar un buen gusto, ya que después los vuelve a sacar. Silencio total, alguna carcajada y caras muy incrédulas, especialmente los peregrinos de países extranjeros, que no acaban de interpretar bien lo que ha dicho.

30 de junio de 1999
San Juan de Ortega-Cardeñuela Riopico (12,6 km)

Una vez pasada la población de Atapuerca, se disponen a subir hacia la sierra del mismo nombre, cuando ven que baja un señor con una vara y se les acerca para preguntarles si van hacia Burgos. Como la respuesta es afirmativa, se ofrece a acompañarlos, por el que era el verdadero Camino a Santiago, antes de que los militares obtuvieran esta sierra como un lugar para hacer maniobras y por eso está todo vallado, con alambre de púas, pero él sabe de un hueco por donde pasar. Les dice que vayan con mucho cuidado de no caerse, ya que eso sí que sería un gran problema, porque entonces les «descubrirían» y tendría malas consecuencias. Los chicos se lo toman como una aventura y, en silencio, siguen a ese señor, que, entre otras cosas, les cuenta que, hasta hace poco, él ha sido el maestro en la escuela de Cardeñuela Riopico y por ese motivo todo el mundo de estos alrededores lo conoce como El maestro. Además, como no hay albergues hasta Burgos, les invita a ir a su casa, para mostrarles un gran habitáculo cubierto, donde antes seguramente debían tener algún carruaje y útiles para el campo, pudiendo ver unos colchones en el suelo, para los peregrinos, y como ellos son solo cuatro, pues no saben si también Henri va a quedarse aquí, tienen espacio más que suficiente. Aunque la etapa ha sido más bien corta, deciden aceptar la invitación y se quedan ahí esa noche, de esta forma al día siguiente no tendrán que hacer muchos kilómetros y podrán disfrutar más tiempo de la preciosa ciudad de Burgos.

Curioso dibujo, hecho con piedras, en lo alto de la sierra de Atapuerca.

1 de julio de 1999
Cardeñuela Riopico-Burgos (15 km)

Hoy, solo salir de casa del «maestro», los cuatro amigos se encuentran con una imagen pintada en una fachada, que les hace reflexionar mucho, antes de continuar, pero ellos hacen caso omiso y se dirigen hacia la próxima localidad de Orbaneja, para hacer una ligera parada y desayunar, ya que no gozaban abusar más de la hospitalidad del «maestro» de Cardeñuela Riopico.

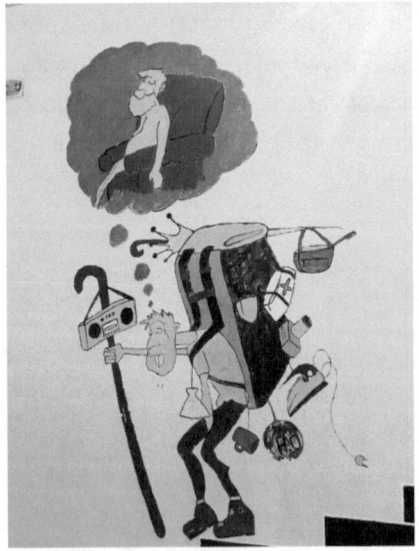

Pintura humorística en la fachada de una casa de Cardeñuela Riopico.

Al llegar a Villafría, desviarse y casi llegando a Burgos, recuerdan el consejo que les dio en su día el amigo Henri y que también les propuso el «maestro».

—Ostras, Yago, realmente hemos tenido mucha suerte en conocer a Henri y coger el camino «del río», para entrar en la ciudad. Por lo menos, hasta ahora solo hemos pisado caminos y no carretera o las aceras del polígono industrial, con el añadido ruido de los coches, camiones y maquinaria que conllevan esos lugares. Por aquí podemos disfrutar del sonido del río, el canto de los pájaros y algunas voces de quienes por aquí transitan a pie paseando o haciendo *footing*.

—Sí, Nekane, es lo que actualmente se comienza a conocer como una «ruta del colesterol», como las sendas fluviales para entrar en Pamplona, o la salida de Logroño, ¿recuerdas? Y además nos libramos de esos humos que deben ser contaminantes, tal como vemos ahora mismo esas chimeneas del polígono.

Cuando falta muy poco para entrar definitivamente en Burgos, Ángel, uno de los compañeros de Nekane y Yago, dice:

—Es curioso que en este campo de fútbol que hay al otro lado del río, hagan «vaquillas».

Yago le pregunta:

—¿Y cómo sabes tú que ahí hacen vaquillas?

Y sigue:

—Sí, hombre, ¿no veis en aquella parte, al lado justo de la entrada, que pone «VAQUILLAS»?

Se quedan los demás muy serios mirándose entre sí, para romper a reír de repente, diciéndole que mejor se haga una revisión ocular cuando llegue a casa, pues en realidad el rótulo dice «TAQUILLAS».

Y hablando y hablando, casi sin darse cuenta, ya están atravesando el puente que les adentra a la capital burgalesa, para traspasar un arco precioso al que llaman de Santa María.

Magnífica visión de la puerta de Santa María, en Burgos.

Con solo pasarlo ya tienen delante la Catedral. Se quedan boquiabiertos por sus enormes dimensiones y al ver tantas y tantas esculturas de santos que adornan las agujas y torres exteriores, no pueden evitar la curiosidad de entrar y, una vez en su interior, se les corta la respiración de tanta emoción. Pero, sin perder tiempo, salen de nuevo, puesto que creen que será mejor dedicar la tarde para visitarla como se merece. Ahora a dejar las cosas en el albergue, que está bastante lejos hacia la salida, y como siempre, ducharse, lavar ropa... Esta vez no tardan mucho y así han de rehacer sus pasos para poder comer algo en el centro, en un lugar de donde tienen a la vista la Catedral y alrededores.

Después de una suculenta comida, van a ver y fotografiar el monumento al Cid Campeador, dar un paseo por el Espolón, siguiendo el curso del río, hasta ir a parar de nuevo a la Catedral, donde bastante rápido pueden disfrutar de las diferentes capillas, la tumba del Cid… Para acabar, ya que muy pronto van a ser las siete, se dirigen a la última estancia antes de salir, porque cuando sea la hora en punto, podrán contemplar en acción el famoso «papamoscas», que se halla a unos quince metros de altura y mientras con una mano va tocando una campana, en este caso siete veces, al mismo tiempo abre totalmente su enorme bocaza. Cuando ya llega el momento crucial y comienza el espectáculo, Yago dice:

—Fíjate, Nekane, es mucho más divertido ver a toda esa gente que está mirando hacia arriba, pues todos sin excepción tienen sus bocas más abiertas que la del propio «papamoscas».

—Que guay! Voy a hacer una fotografía de este gran momento… ¡Muchas gracias!

El famoso papamoscas de la Catedral de Burgos.

Al acabar las campanadas, van saliendo y buscando algún lugar donde cenar, pues el albergue está muy lejos y no tienen ganas de cocinar o preparar alguna cosa, aunque allí disponen, en el parque de barbacoas, de mesas y bancos, una buena fuente… Entonces comentan que ha sido una lástima no poder contar con más tiempo libre, pues han dejado de conocer lugares tan interesantes como el Monasterio de las Huelgas, aunque solo hubiera sido por el exterior, ya que es de clausura, o la Cartuja de Miraflores, el nuevo y magnífico Museo de la Evolución Humana, o subir al castillo, pues seguro que se debe ver una magnífica perspectiva de toda la ciudad.

Finalmente, no se alejan mucho del centro, al estar bastante cansados, y entran en un restaurante desde donde pueden admirar el maravilloso templo religioso y se dedican a ojear la carta para decidir qué platos típicos podrán probar.

Nekane, que ya ha ido probando nuevas comidas, de las que nunca hubiera podido imaginar, prefiere dejar de lado la «olla podrida» y se pide la «morcilla» y chorizo al vino. Eso sí, de postre unas torrijas de chocolate, que ya había visto en una fotografía que había en la fachada, antes de entrar. Y Yago pide una sopa castellana, puesto que, aunque estén en pleno verano, es un plato caliente que entra muy bien por la noche y después un plato muy típico de allí: el «lechazo», que es cordero al horno. Piensa que con eso ya basta, pero, al final, también se regala un postre, un buen helado que ayude a hacer la digestión, mientras han de recorrer un largo paseo por la orilla del río, hasta el albergue. Aún la pesadez que acostumbra a tener la gente cuando hacen una copiosa cena, no les cuesta mucho tiempo coger el sueño. Al levantarse al día siguiente, comentando todo esto, recordaban entre sueños que se oían las campanas de la Catedral, aunque estuvieran lejos, puesto que, aunque la distancia era larga, no había construcciones que amortiguaran el sonido. Por suerte les espera una etapa no muy larga.

Uno de los barracones del albergue público de Burgos, en el parque del Parral.

2 de julio de 1999
Burgos-Hontanas (29 km)

Al llegar a Hornillos, hacen una parada para tomar algo, sentados en la terraza de una cafetería en la que debe ser la plaza principal y, seguramente, única de esa localidad, ya que hay la iglesia enfrente y también el albergue público de peregrinos. En un lugar muy especial, se levanta un pilar con una fuente que está rematada por un gallo, y Nekane, que es muy curiosilla, le pregunta a un señor del pueblo si las plumas son de verdad, ya que así lo parece. El señor le responde que no sabe bien si es así, pero que, desde siempre, se ha dicho: «Este gallo, que sus plumas está señoreando, parece que a los peregrinos el Camino les está indicando». Se quedan todos con la duda de si las plumas son de verdad o no, pero han aprendido esa frase popular y es cierto que está en una posición que indica la dirección a tomar para seguir caminando.

La fuente del gallo, en Hornillos del Camino.

Mientras el grupo de jóvenes está atravesando un páramo, ven a lo lejos un montón de grandes piedras y alguien que está sentado en ellas. Rápidamente se dan cuenta de que se trata de Henri.

—¡Hola, Henri! —gritan los chicos.

—¡Hola, amigos! —responde él.

Inmediatamente, Henri percibe que los muchachos están algo preocupados.

—¿Qué os pasa?

—Que nos hemos quedado sin gota de agua y estamos sedientos.

—No sufráis. Venid conmigo.

Justo detrás de las piedras, donde la vista no puede alcanzar, hay como un charco, pero con mucha profundidad. Les explica que ahí, en Castilla, por esa zona donde no hay montañas, las fuentes brotan así, desde debajo de la tierra.

—Muchas gracias, amigo, nos has salvado el día, que ya nos parecía ver espejismos, como en las películas de los desiertos en el Oeste. Solo faltaba ver indios, aunque plumas ya hemos visto en Hornillos.

Con mucha tristeza, Henri ha de despedirse de ellos, pues la noche anterior, al llamar a su casa desde una cabina, le comunicaron la muerte de una prima y ha de dar por acabado este Camino aquí, pero les asegura que en cuanto acabe la ceremonia, etc., al día siguiente regresará para proseguir, y que ya se encontrarán más adelante.

Entonces, Henri apresura su paso para llegar a Castrojeriz, donde poder coger un autobús a Burgos y de allí a su casa.

Curiosa fotografía de la sombra de un peregrino, a primera hora de la mañana.

—Escucha, Nekane, ¿tú crees que volveremos a ver a Henri, o que ya continuará su Camino en otra ocasión?

—A ver, yo tal y como le he visto todos estos días que hemos coincidido, pienso que sí, que seguro nos volveremos a encontrar; quizás, dos o tres días antes de llegar a Santiago de Compostela.

—Pero tendría que hacer etapas de unos treinta kilómetros para conseguirlo…

—Ya lo sé. Pero tal como nos dijo, él tenía previsto llegar a Santiago para poder asistir a la Misa del Peregrino, del día 25 de julio, que es la festividad de Santiago, e incluso ya tiene la invitación para entrar sin hacer cola y sentarse en uno de los bancos reservados para ellos. Pero si nos reunimos todos, dice que va a intentar conseguir invitaciones para todo el grupito.

—Bueno, ya veremos, puesto que nosotros también tenemos previsto llegar en esa fecha, para lo mismo, asistir a la Misa del día 25 de julio; eso, si podemos acceder, puesto que siendo año Xacobeo, parece ser que la cosa se pone un poco difícil. Pero si Henri dice que puede conseguir invitaciones, ¡vale!

—Sí, pero yo tengo muchas esperanzas y me haría mucha ilusión ver esa gran ceremonia de nombramiento de nuevos cofrades y estar cerca de las autoridades que se dan cita en esa fecha.

—Pero yo creo que lo que más me gustaría es ver lo espectacular que debe ser, al final de la Misa, el famoso vuelo del *botafumeiro*. .

—Cambiando de tema, Yago. ¿Qué opinas de caminar tantos kilómetros con sandalias, tal como hace Henri?

—La verdad es que me he quedado alucinado cuando hemos coincidido en algunos tramos, al ver la facilidad con que se deslizaba por los caminos y senderos, tanto subiendo como bajando, atravesando los ríos y riachuelos, sin que se quejara de frío, dolor o ampollas…

—Pues yo, igual, además creo que si en lugar de calzarme las deportivas hubiera llevado unas sandalias, no me habrían salido las ampollas, que ya me comienzan a tener frita. A partir de ahora, cuando volvamos de nuevo a casa y vayamos de excursión para hacer senderismo, voy a probar de acostumbrarme y, además, como él, sin calcetines.

—Eso ya te lo dije antes de comenzar este Camino, que sería mucho mejor que te compraras unos calcetines de los que se llevan actualmente, sin costuras y transpirables, y no como los que te dio nuestra madre, ya que ellos solo caminaron unos pocos días y nosotros ya llevamos muchísimos más.

—Sí, Yago, también creo que debería haberte hecho caso, ya que la lluvia que nos cayó la semana pasada, durante tres o cuatro días, ha sido la causa de que se me mojaran los calcetines y el calzado, sin darles tiempo a secarse, puesto que son de los antiguos y fueron los causantes de que me hayan salido las ampollas.

—Menos mal que me das la razón, aunque solo sea por una vez, pero te digo que todavía estás a tiempo de comprar lo que necesitas en alguna tienda de deportes en Hontanas, donde pretendemos terminar la etapa de hoy.

—¡Uff! Ojalá sea así; si no, no sé si llegaré a Santiago.

Cuando ya están en Hontanas, alojados en el albergue público, Yago decide ponerse, después de una relajante ducha, la camiseta del Athletic que se encontró en la entrada de Lorca y sale a dar una vuelta para entrar en el único bar que hay, para sentarse a tomar una tónica. Al poco rato aparece un peregrino que, al ver la camiseta de Yago, le dice que él llevaba una igual y que la debió perder a los pocos días de caminar. Naturalmente, Yago le responde que se la encontró, le dice el lugar y, claro, era la de Paco, que así se presenta y, además, también es navarro, de un pueblo muy cercano al de la familia de los chicos. Yago le dice que, si quiere, cuando vuelvan al albergue, la puede lavar y dársela, pero el navarrico prefiere que se la quede, que ya lleva más y así Yago tendrá un recuerdo de ese encuentro.

¡Perfecto! Así es el Camino.

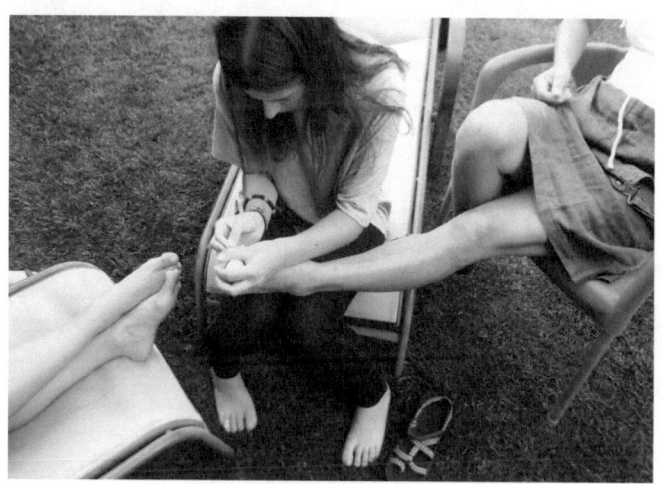

Otra cura de ampollas, una vez llegados al albergue.

3 de julio de 1999
Hontanas-Itero de la Vega (21 km)

El albergue municipal es muy reducido y debe haber unas diez o doce literas, que, prácticamente, las ocupan todas entre el grupo de Nekane y Yago, y varios peregrinos más, que algunos son conocidos y otros no, entre los que les parece reconocer al señor que roncaba tanto en Santo Domingo de la Calzada. Pues, desgraciadamente, no se han equivocado y otra vez que el susodicho señor repite el concierto y, como ya debe llevar muchos días ensayando, hoy ha resultado ser excepcional. ¡Qué horror!

*Rosetón en las ruinas del Convento de San Antón, antes de llegar a Castrojeriz,
en el que todavía se conservan talladas en piedra unas «Taus».*

4 de julio de 1999
Itero de la Vega-Villalcázar de Sirga (27,1 km)

Ya que no podían dormir más que a ratos cortos, todos, a excepción del roncador y su esposa, madrugan más de lo que hacían
estos días atrás y entran a desayunar algo en el restaurante-bar
que hay cerca, a la entrada del pueblo, pues ya lo vieron cuando
llegaron el día anterior.

Mientras esperan que les sirvan lo que han pedido, se les
acercan cuatro jóvenes que estaban tomándose una cerveza al
final de la barra y se «meten» con una compañera peregrina
que es japonesa (Marika) y va sola, que se asusta mucho por los
modales que dejan ver los chavales, que comienzan a acercarse

demasiado y a ponerle alguna mano encima, por lo que Yago se levanta de la silla, se dirige a ellos y los amenaza que si no la dejan tranquila, llamará a la Guardia Civil. La cosa va subiendo de tono y, mientras el dueño ha entrado en la cocina y sale acompañado de un hombretón, que se supone es su hijo, el cual les invita a que se vayan y dejen tranquilos a sus clientes. Poco a poco van saliendo y se sientan alrededor de una mesa que hay fuera en la terraza. Cuando acaban su consumición, el grupo de peregrinos sale por la otra puerta, que da directamente al camino que hay que seguir, tal como les dice Yago, mientras él está un rato hablando con el dueño, que le cuenta que casi cada fin de semana pasa lo mismo y, como hoy es domingo, lo más seguro es que se han pasado la noche deambulando y tomando más alcohol del que deberían y ahora estarán esperando a que se les pase la borrachera para irse a su casa. Después de un buen rato, Yago sale a la terraza y disimula mirando cómo está el tiempo, para que le vean y piensen que todavía están todos dentro. De nuevo entra, coge su mochila, se despide del dueño y, con mucho sigilo, sale por la puerta trasera, apretando el paso para unirse a sus compañeros que ya están lo suficientemente lejos para que no les alcancen. Aun así, Marika de vez en cuando gira la cabeza, por temor a que les sigan. Y como en ese momento todavía van todos en grupo, comentando el tema de la mala noche que han pasado, deciden bautizar al peregrino mayor como Ronky y que, a partir de este momento, cuando lleguen a los albergues, antes de decidir si se quedan, preguntarán si está alojado ese señor o no.

Al pasar por Boadilla del Camino, todavía es de noche y pueden ver en todo su esplendor el fabuloso rollo de justicia, delante de la parroquia. Realmente es un trabajo muy artesanal.

El rollo de justicia de Boadilla del Camino.

A la salida de Boadilla del Camino, se sigue casi todo el trayecto hasta Frómista por un camino de sirga, pegado al Canal de Castilla, llegando a las esclusas que salvan el desnivel.

El Canal de Castilla, antes de llegar a Frómista.

Las esclusas cuando se deja el camino de sirga, para entrar en Frómista.

Como hoy han madrugado y en Villarmentero de Campos no hay nada para alojarse, siguen hasta Villalcázar de Sirga y hacen como acostumbran: buena ducha relajante, la colada, tender la ropa, pues hace buen tiempo y muy buena tarde, se acercan a la peculiar iglesia para hacer una visita. Un señor que es del pueblo les hace de guía, dándoles explicaciones de todo lo que pueden ver y después les dice que si tienen alguna pregunta, se la pueden hacer en ese momento. Como nadie dice nada, pregunta él:

—A ver quién me puede decir el significado de Sirga.

Una de las chicas responde:

—Camino.

—No, señorita. —Le da unas palmaditas en la mejilla—. ¡Es «cuerda»!

Después de esto, muy diplomáticamente los jóvenes se despiden y se van en busca de algún lugar para cenar.

5 de julio de 1999
Villalcázar de Sirga-Calzadilla de la Cueza (22,9 km)

Cuando llevan una hora y algo, llegan a Carrión de los Condes, donde paran para tomar algo, como todos los días, o quizás un poco más, ya que tienen por delante más de dieciséis kilómetros, sin ningún lugar habitado, por pequeño que sea. En realidad, se hace un poco pesado ya que no hay ni árboles que les protejan del sol, encontrando únicamente una encina, algo apartada del camino, unos dos kilómetros antes de Calzadilla de la Cueza, donde piensan pernoctar.

Campamento instalado a la salida de Carrión de los Condes, para los peregrinos.

Nekane, Yago y sus dos amigos llevan ya unos cuantos días caminando solos y, curiosamente, echan en falta la presencia de Henri, aunque no siempre hacían camino juntos, pero era un buen referente e indirectamente les hacía de soporte, como seguramente harían sus padres, maestros...

De hecho, algunos expertos peregrinos dicen que un Camino a Santiago es comparable a un camino de la vida, e incluso alguno más atrevido suele decir que es la Universidad de la Vida, comparando la Compostela con el diploma de final de carrera.

Quizás, también influya el hecho de atravesar los páramos que separan Burgos de León y que al llegar a «la Pulchra leonina», sus dos amigos deberán regresar a sus domicilios, pues no tienen más tiempo disponible. Sienten una tristeza que seguramente es normal, atravesando estas anchas tierras de Castilla, tan llanas y sin casi vegetación ni montañas. Solo se reduce a caminar bajo un sol que achicharra y que cuando se acerca el mediodía se hace sentir por todo el cuerpo, aunque por las noches hay que taparse bien por el frescor, que les hace recordar que, aunque no lo parezca, están a casi mil metros de altitud respecto al nivel del mar.

Cuando ya casi están acabando de pasar el último páramo y después de llevar unas dos horas sin apenas hablar entre ellos, Nekane se dirige a su hermano:

—Escucha, Yago, ¿no te parece que en lugar de adelgazarme, estoy ganando peso o es solo mi impresión?

—Sí, pero no quería hacerte ningún comentario, porque a veces las chicas os lo tomáis muy mal.

—Vale, pero soy tu hermana y tenemos suficiente confianza para decir lo que pensamos sin enfadarnos.

—Ya lo sé, pero es que además estás cambiando tu forma de comer. Me refiero a que cuando estamos en casa, siempre dices «Esto no me gusta», incluso sin haberlo probado nunca antes. Solo comes tortillas, carne y pescado a la plancha, caldos y sopa de sobre. En cambio, aquí, como no tienes a nuestra madre, que te mima tanto en este aspecto, comes de todo. Ya me sorprendiste el día que Henri nos hizo para todos, cordero con pisto (como decía él, *ratatouille*) para cenar.

—Tienes razón, lo reconozco. Ahora me voy dando cuenta del gusto que tiene cada tipo de carne, o el pescado, incluso los embutidos, como la morcilla que me gustó tanto en Burgos.

—Y me imagino que opinas lo mismo de los caldos y sopas caseras, como la riojana, la castellana y pronto la sopa berciana y el caldo gallego…

Y así, entre comentarios y otras conversaciones, van llenando las horas que les cuesta llegar a su destino, pues los diecisiete últimos kilómetros son muy rectos, llanos y casi sin sombras que los protejan del sol que en ese día cae a plomo.

El camino paralelo a la carretera (que le llaman andadero) entre prácticamente Frómista y Carrión de los Condes.

6 de julio de 1999
Calzadilla de la Cueza-Sahagún (22,3 km)

Hoy toca hacer la paradita de la mañana en Lédigos, donde a la entrada pueden ver algunos peregrinos que se hacen una fotografía en la carretera, donde hay el letrero que anuncia LÉDIGOS, y ellos les preguntan si es que hay algún motivo especial en esta localidad, como para hacerse una foto, ya que han visto algunos más que también lo hacían. Resulta que para los que vienen desde Saint-Jean-Pied-de-Port, aquí es la mitad de todo el recorrido hasta Santiago de Compostela.

Y en menos de una hora han de pasar por Terradillos de los Templarios, que les llena de admiración el hecho de que, prácticamente la mayoría de las casas estén construidas de adobe, lo que, como mínimo, tanto Nekane como Yago, ya conocen, pues en su pueblo también hay muchísimas de ese material que construyen ellos mismos.

Casas de adobe en Terradillos de los Templarios.

Resalta una en que hay un cartel que dice «Casa Guillermo» y es una pensión, pero que desde siempre dan preferencia a los peregrinos que quieran quedarse.

Al salir y desde el punto más alto del pueblo, donde tienen la «sala multiusos», los chavales se quedan de piedra, pues a lo lejos se divisa una gran tormenta que se acerca… pueden escuchar los truenos y ver cómo caen rayos de vez en cuando. Se va acercando esa lluvia que ya pueden oír, pues son gotas enormes y entonces se paran para cubrirse con las capas. Justo cuando acaban de ponérselas, teniendo que ayudarse unos a otros, pues se ha levantado un viento terrible, el nubarrón que ya estaba a pocos metros se desvía a su izquierda y ya está. Ellos creen que ha sido Santiago el que les ha echado un capote, como se dice popularmente.

Tal como se veía la terrible tormenta que se avecinaba en su camino.

La entrada a Sahagún es espectacular por la cantidad de iglesias preciosas que destacan por encima de todos los demás edificios. Una vez en el albergue público, que es también de una extraordinaria belleza, prácticamente todo en madera y dentro de la Iglesia de la Trinidad, dejan todo en sus literas, cuando se han inscrito y se dirigen a la búsqueda de un buen restaurante para cenar y con tiempo suficiente para hacer un recorrido cultural inolvidable.

Ya en el restaurante elegido, aunque hoy no estará Henri, Nekane se dirige a Yago:

—Pienso que has tenido una muy buena idea al decirnos que, para celebrar que hoy hemos llegado a traspasar el Ecuador del Camino desde Roncesvalles, podríamos cenar a la carta, pues ya empezaba a cansarme de las pastas de los italianos, las *ratatouilles* de los franceses (excepto cuando nos cocina Henri, ya que lo hace todo muy sabroso) y especialmente de aquella cena que nos hicieron los holandeses, ya que solo el olor que desprendía daban ganas de salir corriendo de la cocina, del comedor e incluso de la habitación, pues por la noche todavía se podía apreciar, ya que se debió impregnar por todo el edificio, o la de los japoneses, que aún no sabemos qué es lo que comíamos, si pescado, carne…

—Es verdad, Nekane, de todas las comidas que hemos compartido algunos días con el resto de peregrinos, las únicas que se salvan son las de Henri, que cocina muy bien y no abusa tanto de las especias. Pero… ahora vamos a mirar la carta y a ver qué escogemos, para tener una cena que no pienso olvidar.

—Sí, Yago, creo que para mí voy a pedir la cecina y después a ver si tienen morcilla, que me gustó mucho la que tomamos en Burgos.

—Pues yo, unas *patatas a la importancia*, que, aunque no sé cómo estarán hechas, me parece que serán buenas, y de segundo un lechazo.

7 de julio de 1999
Sahagún-Reliegos (30,7 km)

Hoy también desayunan en el albergue, con lo que compraron ayer tarde, y salen sin perder mucho tiempo.

Al poco rato, se encuentran en un punto donde hay otro camino a seguir, que, según parece, pasa por lugares más interesantes, ya que se pisa una antigua calzada romana, pero ellos deciden seguir por donde casi todo el mundo y que, además, Henri les dijo que se ahorran algunos kilómetros.

La pareja de hermanos en uno de los andaderos de Castilla.

Es una etapa un poco aburrida, en comparación con lo que han ido transcurriendo hasta aquí, con la única salvedad de que van viendo una serie de pequeños habitáculos que parece se introducen en las laderas y que piensan descubrir, preguntando a alguien cuando lleguen a su destino de hoy.

Unas bodegas entrando en Reliegos.

Entrando en Reliegos, donde piensan quedarse esta noche, se encuentran con una cafetería cuya fachada está repleta de pinturas y que su dueño se autodenomina el Elvis del Camino.

La cafetería de Sinín, el Elvis del Camino.

Ya dentro del pueblo, van directamente al albergue público y siguen el ritual de todos los días. Después van a una cafetería muy cerca para tomar algo y preguntan a la chica qué son esas especies de cuevecillas que han ido viendo hasta allí y que, además, justo delante hay varias más en un montículo, donde arriba del todo todavía quedan restos de lo que debió ser una iglesia.

Los restos de la iglesia templaria y algunas bodegas en su base.

Efectivamente, les dice que se trata de una iglesia templaria, aunque no está del todo confirmado. Y lo que parecen cuevas son, en realidad, bodegas, ya que este era un territorio donde se cultivaba mucho la viña, aunque ahora ya no es así y la mayoría de estos habitáculos sirven para lugar de reuniones familiares, fiestas con amigos... Y entonces les dice que esperen un momento, que va a llamar a alguien para que les enseñe una. En pocos minutos vuelve acompañada de una señora que los invita a seguirla para entrar en una de las que están justo delante y parece muy bien conservada la fachada. Al entrar, han de bajar como una veintena de escalones y se hallan en una única sala, donde hay una mesa grande, cuadrada y rodeada de varias sillas, además de muchas más de tipo plegable que hay apoyadas en una pared.

En un mueble bastante largo tienen instaladas encima varias barricas con vino y debajo, en los estantes, platos, vasos... todo lo necesario para pasar una buena velada y que no falte una baraja de cartas.

Además, les cuenta que Reliegos se hizo famoso en su tiempo, cuando el día de los Santos Inocentes (28 de diciembre) de 1947, cayó un meteorito en la calle paralela a la que mañana deberán pasar al salir. Los chavales hacen broma comentando que seguramente en ese meteorito viajó su compañero Henri, haciendo la comparación con el famoso personaje de cómics Superman. Tan famoso fue este hecho que algunas porciones de ese meteorito, además de estar en algún museo de aquí, fueron a parar a Washington y Nueva York. Otra cosa más que han aprendido.

8 de julio de 1999
Reliegos-León (24,3 km)

Al poco rato de salir del albergue de Reliegos, ven delante a un peregrino que lleva un bordón bastante más largo que los que normalmente utilizan los demás y en el extremo superior cuelga una vieira, que a simple vista parece también más grande que las otras que han podido ver hasta ahora y que, por la parte cóncava, va pegada una bolsa de plástico que no deja ver su contenido. Cuando llegan a su altura, después de saludarse, los jóvenes le preguntan qué significado tiene el hecho de llevar colgada una vieira en el bordón con una bolsa de plástico. Entonces, el señor les cuenta que la bolsa contiene las cenizas de su difunta esposa y que por eso no deja ningún día el bordón junto a los demás, sino debajo de su litera. Y que su intención es llegar hasta Finisterre para esparcir las cenizas en el mar, tal como era el deseo de ella. Los chicos le dan las gracias por su sinceridad y amabilidad de contarles esa bonita y enternecedora historia de su peregrinación, tan peculiar, y esperan verle en más ocasiones durante el tramo que les falta.

Desde que salieron de La Rioja, han podido contemplar varios lugares donde se erigen rollos de justicia y también, al entrar en León, siguen encontrando estos elementos, que la mayoría se conservan en muy buen estado, aunque el más bonito y muy bien elaborado, con relieves y tallas de verdadera artesanía, es el que pasaron en Boadilla del Camino.

Como llegan a muy buena hora, después de comer se van a dar un paseo turístico para ver la hermosa Catedral, con sus grandes vidrieras de colores, San Isidoro y dejan San Marcos, puesto que al día siguiente, al salir, han de pasar por delante.

En lugar de ir al albergue municipal, se dirigen al otro público, que está mucho más céntrico y que llevan las hermanas «carvajalas», que por la noche, antes de cerrar, hacen una oración para los peregrinos, con la bendición al final.

Uno de los muchos rollos de justicia que se pueden ver, especialmente en Castilla.

9 de julio de 1999
León-San Martín del Camino (24,3 km)

A la salida de León, Nekane y Yago comprueban que todavía les falta caminar el último páramo hasta llegar a Villadangos del Páramo, por eso le debieron poner ese nombre, y creen que mientras caminan con el buen tiempo que les está haciendo, deberían comentar entre ellos para ver si sería oportuno alargar la etapa de hoy o dejarla tal como tenían previsto.

A poca distancia han de pasar por la localidad de La Virgen del Camino, donde pueden admirar la iglesia del mismo nombre y su magnífica fachada, donde se pueden contemplar trece figuras representando los doce Apóstoles y la Virgen[1]. Sin entretenerse demasiado, siguen caminando a buen paso, pues, aunque el trazado es bastante llano, el calor comienza a dejarse sentir y a hacer estragos entre varios de los peregrinos que encuentran a su paso. Pero también hay que añadir el cansancio acumulado desde hace casi tres semanas, cuando salieron de Roncesvalles.

Después de hacer una merecida parada en Valverde de la Virgen para comer algo, vuelven a lo suyo, que es caminar, y cuando llegan a San Miguel del Camino, cuya calle principal es la carretera, ven debajo de la ventana de una casa una mesita con frutas, caramelos, galletas... para que los peregrinos cojan lo que les venga a gusto y después depositen la voluntad en una cajita que también está sobre la mesa. Además, dispone de un libro bastante grande donde los peregrinos que quieran puedan dejar algún mensaje en él. Mientras están entretenidos mirando todo y escribiendo en el libro, sale un señor que se presenta como Agapito Trigal para preguntarles de dónde vienen, si tienen intención de llegar a Santiago, etc., y, de paso, les pone el sello personal en las credenciales. Les da las gracias por escribir alguna cosa en el libro, ya que, como les cuenta, hay muchos que ni siquiera se paran a ver qué es todo esto que está a su disposición. Sigue unos pocos metros con ellos para enseñarles su huerto, que es el lugar de donde coge las frutas para los peregrinos, y les dice que si quieren alguna más para llevar, que se las puede dar. Muy agradecidos, los jóvenes se despiden de D. Agapito y siguen.

---

[1]   Autor Josep María Subirats.

Llegan a Villadangos del Páramo y, como el albergue ya está abierto, entran para echar una ojeada y, de paso, sellar… Aquí también hay literas de tres pisos, como ya han podido ver en algún otro albergue, como en Viana, por ejemplo.

Una vista de alguna de las habitaciones de Villadangos del Páramo.

En lugar de continuar por la carretera, que ataja un poco el recorrido, ya que están ahí, siguen el que se puede decir es el camino original. Y seguro que es mucho más bonito, ya que se aleja un poco del ruido de los coches y cambia por algo muy estridente. Los «gritos» que producen unos grandes pájaros que están en sus nidos. Entonces pasan por delante de un cartel que avisa: «Colonia de grajos». Es realmente impresionante y les trae a la memoria la famosa película de Alfred Hitchcock.

Parte de la gran colonia de grajos, a la salida de Villadangos del Páramo.

Aun así, deciden alargar la etapa, aprovechando un pequeño desnivel, para acabar en San Martín del Camino, donde podrán dormir en el albergue público, que se halla justo debajo de un gran depósito de agua, que parece un ovni. Para cenar se dirigen a otro albergue, que es privado, en el que podrán tomar una suculenta sopa de ajo.

10 de julio de 1999
San Martín del Camino-Astorga (24 km)

Al levantarse, reconocen haber dormido como unos bebés, seguramente mezcla de cansancio, la temperatura, la sopa de ajo calentita… y la ausencia de los ronquidos de Ronky. En Hospital de Órbigo, hacen su paradita de media mañana y el señor que les atiende, muy amable, les pregunta si conocen la historia-leyenda de Don Suero de Quiñones y, al responderle que no, se la explica con todo detalle, también por qué el larguísimo puente no es totalmente recto, sino que hace algunos quiebros y que también le llaman el Paso Honroso. Muy agradecidos por todo lo que les ha contado el dueño de la cafetería, siguen de nuevo como hasta ahora y, en lugar de seguir junto a la carretera, se meten en una variante que atraviesa dos pueblos muy pequeños y llegan al crucero de Santo Toribio, desde donde ya se divisa una buena perspectiva de Astorga.

Sin más paradas, entran en la ciudad y se dirigen directamente al albergue público, que en alguna habitación también disponen literas de tres pisos, por lo menos en la que les ha tocado a ellos.

A media tarde, cuando los jóvenes vuelven al albergue, después de dar un paseo por la ciudad, un peregrino se les acerca y pregunta a Yago dónde consiguió esa camiseta del Athletic de Bilbao, pues él es un grandísimo fan de ese equipo y le gustaría tenerla. Yago le responde que es una talla muy grande para que la pueda llevar, pero, inmediatamente, el chaval dice que no es para ponérsela, sino que hace colección. Entonces, Yago se la entrega sin más.

Ya en Astorga, por la tarde se dedican a hacer una visita turística, pudiendo ver la Catedral, el Palacio Arzobispal (obra del arquitecto catalán Gaudí), las murallas… y, curiosamente, un paisano les dice que les va a enseñar algo muy curioso, que poca gente conoce. Está en un edificio entre la Catedral y el Palacio Episcopal y no se puede visitar, pero sí echar un vistazo desde la calle, gracias a unas curiosas escaleras que facilitan el poder ver el reducido interior. Por lo visto, en la Edad Media, más o menos entre los siglos XVII y XVIII, servía como reclusión voluntaria a las mujeres que querían dedicar un tiempo a la oración y la penitencia; en este caso, casi siempre era porque estaban embarazadas siendo solteras. Como todas las leyendas, debía de haber más historias.

Desde esa ventana se puede apreciar la celda de las emparedadas, en Astorga.

11 de julio de 1999
Astorga-Rabanal del Camino (20,6 km)

A unos tres kilómetros de la salida de Astorga, hay un cruce que es un poco liante, ya que no está bien señalizado, pues hay que pasar un puente sobre la autopista y luego la opción de continuar por el Camino que llaman «oficial» o una alternativa que pasa por la localidad de Castrillo de los Polvazares, que es encantador. Justo al pasar por el puente, los jóvenes ven a un peregrino que va caminando por la autopista y, por más que ellos le gritan que va mal, el señor no los oye o no entiende lo que le están diciendo. Además, con el ruido de los coches, que la mayoría le dan bocinazos, pues no está permitido que pasen los peatones, se agrava la situación, ya que es domingo y hay más circulación que en días laborables. Curiosamente, ya al final de la tarde, apareció en el albergue y, después de asearse, etc., bajó a cenar y se sentó en la mesa de los jóvenes. Naturalmente, estos le preguntaron qué pasó para meterse en una autopista. El peregrino resultó ser francés y Yago hizo de intérprete, pues en la escuela a la que fueron de pequeños era el idioma que se estudiaba entonces, en las provincias limítrofes con Francia. No sabía bien cómo había cogido por error la autopista, pero que, cuando se dio cuenta, ya llevaba un buen tramo, pues la noche anterior no durmió en Astorga, sino en San Justo de la Vega, unos tres kilómetros antes. Contó que iba «acongojado», por no decir una palabrota, que pedía a Santiago que, por favor, le ayudara a salir del atolladero. En cuestión de segundos, vio a unos cien metros lo que parecía que eran restos de algún accidente, pedazos de plancha, muchos cristales y, ¡milagro!, un espejo retrovisor, que le sirvió para hacer señales a los coches que venían de enfrente y no lo atropellaran. La magia del Camino.

La habitación donde van a estar esta noche en el albergue privado (no hay ninguno público) no es muy grande y, entre una hilera de literas y otra, hay muy poco espacio para circular, y las que le han asignado al grupito tienen las cabeceras pegadas a la pared. Y, además, por el otro lado del pequeño pasadizo, no hay otro, ya que la siguiente hilera de literas está unida a la suya, por lo que las mochilas hay que dejarlas en ese pequeño espacio y, para entrar y salir de las camas, es necesario hacer unos equilibrios muy precisos para no caerse. Para colmo, entre las dos cabeceras, en el suelo, hay instalado un enorme aparato calefactor, que aún pone más difícil el acceso. Como no hay casi peregrinos, Nekane y Yago cogen dos literas de abajo, de las que están pegadas, y sus otros dos compañeros que les acompañaban hoy, lo mismo.

Por la tarde, asisten a la misa de peregrinos, que se celebra en la parroquia, a cargo de unos sacerdotes ingleses, que tienen a su cargo otro albergue, justo enfrente, y que llevan una asociación de amigos del Camino de su país.

Interior de la Parroquia de Rabanal del Camino.

Ya cerca de la hora de cerrar el albergue, llegan una pareja en bicicleta y se colocan en las literas de encima de Nekane y Yago, por lo que el pasillo queda a tope de mochilas y alforjas de la pareja ciclista. Como ya es tarde, no pierden el tiempo y se colocan en sus respectivas camas. En mitad de la noche, los vecinos de arriba, además de unos gemidos muy reconocibles, hacen que las literas tengan unos movimientos clásicos, chirriando como acompañamiento. Esto hace que los peregrinos de abajo se den cuenta de la situación y, cuando en voz baja comentan lo que debe estar pasando arriba, escuchan un estruendo y quejidos, resultando que el ciclista chicarrón ha caído, por suerte, encima del montón de las mochilas y ha evitado que se rompiese algún hueso y que se golpeara con el aparato calefactor, que podría ser mucho más grave. Al darse cuenta de que los chicos se han despertado con el ruido, él, en un inglés muy malo, pide perdón y dice que lo más probable ha sido porque estaba soñando y no sabe qué ha podido pasar. Pero los vecinos de abajo sí que saben la realidad y, al día siguiente, seguro que será la comidilla del grupo.

12 de julio de 1999
Rabanal del Camino-El Acebo de San Miguel (16,6 km)

Solo salir de Rabanal del Camino, comienza un buen desnivel y, cuando llevan casi una hora, llegan a un pequeño llano, donde se paran a descansar un rato, apoyados en un abrevadero para los caballos y vacas que pacen por los alrededores, pero que la mayoría en ese momento todavía están echados en el suelo. Cuando acaban de tomarse unos frutos secos, reanudan el camino, pero a los pocos metros oyen unos ladridos muy fuertes y un enorme perro se acerca poco a poco gruñendo, como avisando de que él es quien vigila el rebaño y que no se aproximen más. Nekane, algo más que asustada, va retrocediendo de espaldas y casi se cae dentro del abrevadero. Yago le dice que mejor es dar un poco de rodeo y entrar en el bosquecillo, sin dejar de perder de vista al can. Tampoco se olvidan de mirar hacia atrás de vez en cuando y, muy sigilosamente, se van alejando del lugar, hasta entrar en Foncebadón, donde ya se encuentran mucho más tranquilos, aunque no se ve a nadie por ninguna parte.

Entrada a la población de Foncebadón.

Así, subiendo cada vez más, llegan a la Cruz de Ferro, donde, siguiendo la tradición, dejan una piedra cada uno en el gran montón que rodea ese altísimo palo culminado por la cruz, dudando de que alguien pudiera llevar hasta ahí piedras del gran tamaño que hay.

La cruz de Ferro, punto más alto del Camino francés y donde la tradición dice que hay que depositar una piedra que se debe llevar desde casa, que simbólicamente representa descargar los pecados.

Una vez pasado el punto más alto de todo el Camino francés, desde Roncesvalles, hay que bajar una fuerte pendiente y, al llegar a Manjarín, parada obligatoria en el albergue de Tomás, para sellar y charlar un rato con él, pues es todo un personaje. No hay nada más, pues el pueblo está abandonado. Tomás les avisa que ahora hay que ir con mucho cuidado, ya que hasta Molinaseca todo es bajada y muy fuerte, en especial los rincones sombríos donde el agua de la lluvia todavía se nota en el suelo y en los riachuelos que bajan de la cima.

El refugio de Manjarín, con los restos que quedan de la antigua población.

Efectivamente, hay que ir con cuidado de no resbalar, aunque con todas esas precauciones todavía pueden contemplar cómo una chica, al intentar pasar uno de esos pequeños riachuelos, pisa la tabla que han puesto para facilitar el paso, pero por un extremo, por lo que la tabla se levanta y la chica cae de espaldas. Algunos de los que pasaban por allí intentan ayudarla, pero ella dice que no hace falta y se agarra a una valla de alambre de espino, que hay en el margen, para ayudarse a ponerse en pie, y la otra mano la deposita en el suelo embarrado. Entonces, empieza a temblar y llorar, pues la alambrada está electrificada para que el ganado no pase. Suerte que Yago recoge una rama que había en el suelo, le dice a la chica que saque la mano del agua y se coja al palo, con lo que ya baja la intensidad de la electricidad y puede soltarse del alambre. Siguen todos juntos bajando para El Acebo y la chica, curiosamente, a ratos le coge la llorera, pues recuerda lo sucedido, pero en otras ocasiones le da por reír a carcajada limpia, seguramente pensando que ha actuado como una niña pequeña, tal como les cuenta a todos. Y bajando, bajando, llegan por fin a El Acebo de San Miguel, la primera población de la comarca de El Bierzo, y los dos hermanos deciden quedarse en este precioso lugar, que parece sacado de un belén, ya que sus piernas comienzan a flojear. Mientras están comiendo al mediodía, muy bien atendidos por las familias que llevan el mesón, que también es albergue de peregrinos, se dedican a comentar qué podrán hacer por la tarde, ya que aquí no hay mucho para ver. Al escucharlos, la dueña, Jessi, les dice que como ese día (16 de julio) es viernes y ella ha subido a reforzar todo el fin de semana, pero que no está tan lleno como se preveía, les puede acompañar con su coche hasta Compludo, donde todavía existe la famosa herrería de Compludo.

—Es verdad, Yago, hoy es el santo de nuestra tía Carmen y será una forma de celebrar y recordar esto.

—Perfecto, Nekane, prepara la cámara fotográfica y vamos.

Efectivamente, valió la pena tomar esa decisión, pues solo llegar entran directamente al taller del herrero, que en esos momentos está en pleno trabajo y después de saludar a Jessi, les dice que se acerquen a la fragua y con un actuador remueve el carbón que está encendido, recorta una plancha de hierro, con ayuda de un troquel… y como ya debe haber hecho en otras muchas ocasiones, coge las dos piezas que son unas cruces de Santiago, para pasarlas por el fuego y seguidamente, con unos precisos golpes de martillo, encima del yunque, ya tiene acabadas las dos piezas, que les regala a los hermanos. En contrapartida, ellos le ayudan a recoger el cagafierro que ha utilizado.

Muy contentos, vuelven los tres al albergue, no sin antes acercarse hasta donde acaba el pueblo, para contemplar una hermosa puesta de sol, con otros peregrinos que se alojan en el albergue público.

La puesta de sol desde El Acebo de San Miguel.

Ya en su alojamiento, esa noche pueden probar, para cenar, el famoso «botillo», pues parece ser que es uno de los mejores lugares donde se puede degustar, además del «bocadillo rebozado», que es otra de sus especialidades.

Interior del albergue privado de El Acebo de San Miguel.

13 de julio de 1999
El Acebo de San Miguel–Ponferrada (16 km)

Muy pronto, al día siguiente, salen para coger el camino que les ha dicho Jessi la noche anterior, ya que además de ser el antiguo, es más corto que el que han marcado hace muy poco, pasando muy cerca de la estación del tren, para llegar enseguida al centro de Ponferrada. Cuando ya están saliendo de Molinaseca, al pasar por delante de un gran restaurante con jardines preciosos, pueden contemplar un monumento que han erigido para homenajear al famoso «botillo», que ahora ya han podido degustar. Justo a su altura va caminando un peregrino, que después les dice que se llama Juan y es de Galicia, que pregunta qué es esa escultura tan peculiar, a lo que Yago le da la explicación correspondiente y entonces Juan saca una libretilla y un bolígrafo para apuntarse el nombre de ese tradicional plato berciano y va tan distraído que se pega de bruces contra una farola. Suerte que en ese momento se había colocado en el pecho una bolsa que lleva en bandolera, para sacar la libreta y el boli, y eso le ha salvado de darse un buen golpe en la cara y romperse las gafas.

La calle principal de Molinaseca.

Precisamente, al pasar por el punto que les había indicado Jessi, pueden comprobar que ya empieza a acumularse una gran cantidad de gente haciendo ese Camino, a pesar de que no es fin de semana, que es cuando hay más personal decidido a comenzar.

Y, entre ellos, un grupo que resulta ser de compañeros de estudios y amigos, que llegan superenfadados por los incidentes que han tenido que sufrir durante su viaje en el tren. Explican que, poco después de Burgos, casi caen de las literas donde todavía estaban durmiendo, ya que al pasar por un «salto de carnero», un *bogie* se ha salido de su lugar y el tren ha parado durante mucho rato (unas dos horas), hasta que ha llegado una máquina con trabajadores y material para reparar la avería y otro como el que venían ellos, para cambiar y seguir. De todas formas, han tenido que desviar ese tren por Palencia, ya que el frenazo ha provocado que el balasto deformara las vías. Al salir de León, otra vez una parada de casi una hora, por una avería que según parece ha sido un hurto de un buen tramo de la catenaria, que por lo visto ha sido obra de unos desaprensivos que solo buscan material para vender. De todas formas, el tren, por precaución, ha seguido circulando a paso de «hombre muerto». A partir de ese encuentro, todos juntos se dirigen al albergue y en días sucesivos se irán encontrando, tanto por los caminos como en los alojamientos. Una vez instalados en el albergue, se encuentran en el vestíbulo para salir a cenar y ven a una peregrina muy joven sentada en una de las butacas que hay para hacer el *check-in* y que les hace ademán para que se paren. Entonces, se presenta como Cristina, de Alemania, que hace dos días que está aquí, pues sufrió una tendinitis muy fuerte. En su castellano bastante entendible dice que antes los ha visto cuando entraban y que le ha parecido que la mochila que carga Nekane es muy pequeña, a lo que ella le responde que es que carga con muy pocos pecados para descargar con la piedra que echó en la Cruz de Ferro. La alemana pone una cara un poco desconcertada y ahí entra en acción el hospitalero, que les dice que aunque ya habla muy bien el castellano y ya lleva dos días por ahí, quizás, no haya entendido lo que son los pecados.

—Claro que lo sé —responde casi enfadada—. Que ya llevo casi seis meses en Valencia. Pecados son eso que tiran por las calles cuando son las Fallas.

Después de que todo el grupo que la escuchaba pudiera acabar de reír por esa acción, le tuvieron que explicar que era en realidad pecados, no petardos.

Su habitación está en el primer piso y curiosamente el suelo es de madera, como la mayoría del interior, escaleras... Pero es que las tiras del suelo no son muy regulares y entre una y otra hay alguna holgura, que permite ver y naturalmente escuchar a los peregrinos que acceden a los servicios y duchas.

Después de cenar y antes de subir a las habitaciones, Nekane y Yago se dedican a curar las ampollas a una peregrina italiana que parece ser la primera vez que hace caminatas tan largas.

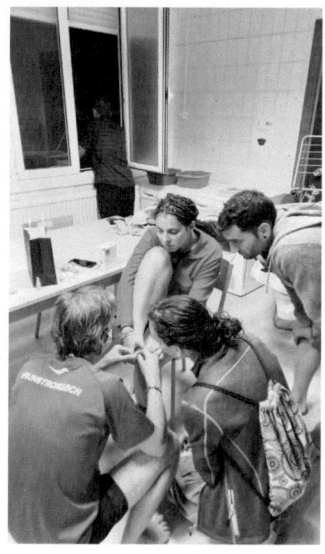

Más curas de ampollas.

14 de julio de 1999
Ponferrada-Villafranca del Bierzo (22,5 km)

El Camino comienza a llenarse con más gente, entre los que hay muchos grupos de jóvenes, que más bien da la impresión de que vayan de colonias escolares. Ese es otro motivo para que los hermanos mellizos tengan más tema en sus conversaciones.

—Dime, Yago, ¿tú crees que estos chavales han de llevar la música a todo volumen mientras van caminando y tarareando las canciones que escuchan? Con lo bonito y enriquecedor que es oír el canto de los pájaros, el sonido de los riachuelos que vamos encontrando, o de buena mañana los cantos de los gallos que hay en las aldeas o casas dispersadas por aquí?

—Sí, Nekane, y todavía hay algunos que nos preguntan cómo no llevamos cascos o auriculares, o qué tipo de música acostumbran a escuchar los peregrinos. Es que opino que incluso puede conllevar peligro ir con los auriculares y música a tope, ya que de vez en cuando nos pasan bicis que ni siquiera llevan timbre o avisan en voz alta que van a pasar.

Un peregrino que anda descalzo.

Ya casi entrando en tierras gallegas, Nekane sigue probando y comiendo de todo: pulpo, sopa berciana, caldo gallego, pimientos de Padrón, etc. Pueden disfrutar del olor que desprenden los muchísimos eucaliptus y más cuando se mecen con el viento, que ya anuncia que se van acercando al Atlántico. También los olores de las flores que decoran los jardines de las casas y en lugares públicos, como las hortensias, que son enormes y de muchos colores diferentes de los que se suelen ver en otros lugares de la Península.

Y en bosques que se encuentran en zonas más altas, todo y que aún es el mes de julio cuando pasan por ellos, pueden encontrarse con diferentes especies de setas o boletus, que no paran de fotografiarlos para después buscar qué nombre tienen cada uno y saber algo más a través de los libros que tiene Yago, ya que es muy aficionado a la Botánica y, especialmente, a las plantas medicinales. Y la meteorología también se hace notar; por un lado, la gran humedad que hay y que por la mañana a primera hora cubre los campos, más tarde se va evaporando y parece que son pequeñas nubecillas que van ascendiendo. Pero lo más clásico son las lluvias intermitentes que, aunque no son copiosas, sino más bien gotitas pequeñas, parece que no han de mojar, pero que al cabo de un buen rato ya ha calado en la ropa, la mochila, todo. Aquí le llaman el *orballo*.

Como suele ser habitual en tiempo de lluvias por Galicia…

15 de julio de 1999
Villafranca del Bierzo-O Cebreiro (30 km)

Han transcurrido unas tres semanas desde que salieron de Roncesvalles y ya han pasado El Bierzo, cuando se encuentran sudando de valiente, hasta que ven el «pedrusco» que les indica que sí, que ahora ya están en Galicia, donde aprovechan para hacer una parada que debe ser obligatoria, se hacen las fotografías correspondientes, descansan un rato, hacen el trago de agua que también se merecen, pues después de la *cuestiña* en pleno mes de julio y con el calor que aprieta, también es obligatorio.

Pero la cuesta no acaba aquí, aún quedan unos cuántos kilómetros para terminar la etapa de hoy, que va a ser un poco larga y con otra buena *cuestiña*, pero es que antes no hay albergues públicos o están a pocos kilómetros de donde han partido. Además, hay que contar que su presupuesto no alcanza para alojarse en hoteles, hostales…

Al pasar por La Portela, agradable sorpresa para todos los peregrinos, ya que en un enclave donde hay una gasolinera, un hotel-restaurante… Han montado un barracón donde invitan a los peregrinos a un vaso de vino del Bierzo. El grupito tiene intención de parar para comer, ya que son muchos kilómetros los que han de hacer hoy y se hallan aproximadamente a la mitad, por lo que se lo comentan a los responsables del chiringuito, que de entrada les dan una botella y si no es suficiente, que más tarde pidan más… ¡Pues a montar la fiesta!

El barracón del vino del Bierzo.

Llegados al albergue de O Cebreiro y, una vez hechos los trámites de rigor en recepción, se aposentan, duchan y salen para dar una vuelta por el lugar. Es pequeño, pero tiene ya todas las características de estas tierras celtas: pallozas, hórreos y perros… Precisamente, en el restaurante donde se dirigen para comer, hay un ejemplar muy bonito al que llaman León. Magnífico ejemplar de pastor alemán. Pero cuando ya están a punto de acabar de comer, el dueño del local aparece con una gaita y se dispone a tocarla. Solo escuchar las primeras estridentes notas, el can entra en pánico y corre hacia la mesa de los dos hermanos para refugiarse debajo, entre sus piernas. Cuando ya se disponen a volver al albergue, la dueña les cuenta que, aun el aspecto de fiereza que pueda tener León, es muy cobarde. Con solo oír la gaita, huye, como cuando tiene enfrente al gato que también es de los dueños.

En fin, la noche se presenta tranquila y el despertar también.

Una de las tantas pallozas que se pueden ver en esta zona, especialmente, en O Cebreiro.

16 de julio de 1999
O Cebreiro-Triacastela (20,5 km)

Cuando Nekane y Yago se preparan para comenzar esta etapa, que se prevé un poco durilla, ya que Galicia se puede comparar perfectamente con Navarra por sus desniveles, pero también por los paisajes verdes y con muchas arboledas de diferentes tipos de especies. Quizás, cambien los hayedos por los robledos, eucaliptus, etc. Además, hay que pasar dos Altos (San Roque y O Poio), por lo que es mejor tomarlo con calma y sin prisas, ya que no habrá que hacer tantos kilómetros como en días anteriores, que era un poco más llano y llevadero.

De todas formas, antes de ponerse a caminar, se sientan en la cafetería del albergue para pedir algo de desayuno y, mientras esperan que les sirvan, dos peregrinas muy jóvenes, francesas, piden al chico de la barra si tienen mandarinas. El chico les dice que si quieren pueden comer naranjas o bien tomar un zumo también de naranja, piña, melocotón… Entonces, una de las chicas señala hacia unas cajas que contienen bollería y resulta que ella quería decir «magdalenas».

Poco antes de Triacastela, otro campamento especial de los Xacobeos.

17 de julio de 1999
Triacastela-Samos (13,6 km)

Al salir se encuentran con el dilema de continuar por San Xil o por Samos, que, aunque parece ser un lugar poco conocido, les han hablado la noche anterior de que en el monasterio hay una buena acogida y alojamiento para peregrinos. Sin pensárselo mucho, deciden ir por Samos, ya que parece que el paisaje es mucho más bonito y no es difícil seguir el camino sin perderse, ya que no es el tramo «oficial». Disfrutando de los preciosos lugares por donde pasan, pequeñas aldeas, riachuelos con truchas, gente muy amable y acogedora, llegan a Samos y ya desde lejos se puede divisar un magnífico monasterio, que sin duda va a ser su morada esta noche. Efectivamente, son muy bien recibidos por los monjes benedictinos, que les invitan a pasar a su aposento para seguir su oración de la tarde; después les enseñan todo el recinto, su claustro, la iglesia… Y como no, una noche plácida, tranquila, con muy pocos peregrinos, a pesar de estar ya en Galicia, pero la mayoría optan por San Xil, que es la ruta histórica y, además, no podrán gozar de las *corredoiras* que hay por esta ruta escogida por los mellizos.

18 de julio de 1999
Samos-Sarria (9,6 km)

Etapa relativamente corta y bastante llana, que los lleva hasta la entrada de Sarria. Muy poco después de pisar pavimento duro, en comparación de lo que han caminado hasta aquí, todavía en la periferia, pasan por delante de unos edificios bastante nuevos y desde abajo de uno de ellos, un señor les llama e invita a que entren para tomar algo, un refresco, fruta… Ellos aceptan la invitación y pasan a una bajera, donde este señor tan amable les abre el frigorífico para que escojan y les invita a sentarse, pues tiene montada una larguísima mesa con sillas plegables y encima vasos, cubiertos, platos de plástico… Se presenta como Emilio López y los chicos también van diciendo sus nombres. Cuando acaban, comenta que el nombre de Nekane le encanta, pues él está enamorado de todo lo concerniente al País Vasco y que, de haber podido escoger dónde nacer, habría sido esa comunidad. Su esposa, que está presente, refunfuña un poco, pues por lo visto no está muy de acuerdo. Cuando acaban, les conmina a que si vuelven a pasar alguna vez más por allí, que se acerquen, aunque él no esté por ahí fuera. Aprovechan bien el resto del día para visitar varias iglesias y hacer alguna compra para cenar en el albergue.

A partir de la entrada en Galicia, ya se pueden ver peregrinos muy peculiares.

19 de julio de 1999
Sarria-Portomarín (22 km)

Pasan los días más despacio, al menos, esa es la sensación de los dos jóvenes, aunque ya comienzan a tener ganas de llegar y también para ver si se reencuentran con su querido amigo Henri.

Cuando ya están llegando al final de esa etapa, que les ha de llevar hasta Portomarín, se encuentran con que han hecho una variación de la entrada y hay que descender por una senda que da la impresión de que están haciendo barranquismo. En un momento dado, Nekane da un resbalón y cae; por suerte, queda aprisionada entre dos rocas y no sigue su caída, que, por suerte, al ser un día que no ha llovido, la ha retenido ahí.

Aunque continúa cojeando un poco, puede seguir el corto tramo, menos de un kilómetro, hasta la población. De todas formas, al llegar al alojamiento y hacer los trámites de siempre, antes que nada, se dirigen a un centro médico, donde, después de un buen reconocimiento y unas radiografías, el doctor dice que no hay ninguna rotura ni nada parecido, por lo que, con una pomada que le receta y un poco de reposo, podrá seguir al día siguiente.

Sin grandes problemas por parte de Nekane, llegan al lugar donde tenían planificado quedarse y, después de una gratificante ducha, lavar la ropa sucia, que, por cierto, hay que ir al lavadero público, hacen una pequeña lista de lo que han de comprar para la cena, y salen en busca de alguna tienda, de las que venden de todo, pues en los pueblos pequeños, o aldeas, es así. Tienen que andar un poco, pero Nekane insiste en que también quiere ir. Nada más entrar y decir «buenas tardes», Yago percibe que se ha olvidado la lista encima de su cama.

—Pero qué poca traza tienes… ¡si solo debías coger el papelito donde hemos anotado todo!

Han de improvisar un poco, haciendo memoria, y cuando acaban y se dirigen al mostrador para pagar, la señora de la tiendecita le regala una piruleta a Nekane y un albaricoque a Yago.

Al salir, Yago dice:

—¡Uf! Creo que sí, que cuando acabemos este Camino, podremos escribir un libro con todo lo que hemos vivido y lo que todavía nos debe esperar.

Al salir, cuando pasan por delante de la iglesia parroquial, pueden ver en los bloques de piedra que forman la construcción que están todos numerados y, según les han contado en la tienda, es porque cuando la tuvieron que quitar del pueblo que ha quedado inundado, las numeraron todas para volver a colocarlas cada una donde debía.

El lavadero público de Portomarín.

Curioso y original monumento a cómo se hace el orujo.

La numeración en los bloques de piedra de la Parroquia de Portomarín.

20 de julio de 1999
Portomarín-Palas de Rei (24,3 km)

Así de buena mañana, comienza la prueba para ver cómo irá haciendo Nekane. Lo primero de todo es cuando ha de ponerse las botas, y suerte que tiene una silla, pues no se atreve a probar de pie, que lo ve mucho más difícil.

Mientras, Yago se pone la chaqueta, que de buena mañana hace mucho fresquito, aunque estén en pleno verano.

Parece que sí, que con un poco de calma Nekane podrá seguir, y más ahora que ya ven su «meta» mucho más cerca. Ya pueden ver los kilómetros que les faltan, cuenta atrás, porque, a partir de que se entra en Galicia, y es más o menos a 150 km, los mojones que hay como indicadores van disminuyendo su numeración cada quinientos metros.

Además del fresquito, también los acompaña una niebla bastante intensa y pasan por dos o tres aldeas, que casi no las pueden ver hasta que están ahí.

La pareja de hermanos entre la niebla.

Aproximadamente a mitad de la etapa de ese día, el grupo de jóvenes ve por delante, muy cerca de Ventas de Narón, un grupo de cinco peregrinos, de los cuales cuatro llevan mochila, pero uno no carga nada y piensan que debe ser por motivos de salud, ya que camina con una fuerte inclinación hacia su izquierda… Cuando llegan a alcanzarlos, los chavales les preguntan de dónde son, cómo se llaman, de dónde vienen… En fin, todas esas preguntas que se hacen los caminantes cuando no se conocen y se juntan por cualquier motivo. Son cinco abueletes (el más joven de 75 años), catalanes que se conocen desde hace más de sesenta años, cuando formaban parte de una Agrupación del Escultismo (*boy scouts*), que, por regla general, se reúnen una o dos veces al año (en una comilona) y en la última decidieron que podrían hacer un tramo del Camino a Santiago, eso sí, los que quisieran y tuvieran esos días de «vacaciones». Están preocupados por el estado de Enric, que es el que va sin mochila, ya que la suya la llevan entre los otros cuatro, una hora cada uno. Parece que el que lleva la voz cantante es uno de ellos que se llama Endika y ya es veterano en los Caminos. Si al día siguiente sigue así el compañero Enric, dicen que lo llevarán a que lo vean en el Hospital de Lugo.

Después de Ventas de Narón, llegan al cruceiro de Lameiros, punto interesante, pues si uno se sienta en su base y pone las manos en la piedra, puede sentir cómo la energía sube por todo el cuerpo, aunque no todo el mundo debe estar preparado para eso, pero.

El cruceiro de Lameiros.

En esta instantánea podemos ver cómo el peregrino catalán, Enric se inclina a causa de esa «lesión» y sus compañeros le llevan la mochila.

De repente, al llegar a Eirexe, es el momento en que, como un fantasma en la niebla, creen ver a Henri. Apresuran el paso un poco y, cuando ya están a tocar, le llaman «¡Henri!». Y él se gira, se para y los abraza a todos. Siguen así juntos, muy contentos a pesar del mal tiempo.

En esta ocasión es Henri quien se divisa entre nieblas.

21 de julio de 1999
Palas de Rei-Ribadiso da Baixo (25,9 km)

No tarda mucho tiempo en comenzar a llover un poco (*orballo*), pero al rato va en aumento, hasta convertirse en una lluvia torrencial, que, aunque ya se habían puesto las capas, van notando cómo el agua les llega hasta la piel. En algún tramo, el camino parece un río y les obliga a hacer equilibrios para no meterse de lleno en el agua.

A pesar del mal tiempo, el grupo tiene muchas ocasiones para entablar conversación, ya que a ratos sale un sol radiante.

—Mira, Yago, ¿qué te parece esta seta? Ya puedes tocarla y darte cuenta qué textura tiene; parece como si fuera de terciopelo, o aquella de más allá, al lado de ese roble tan grande, que, aunque estemos en pleno verano, si le pasas la mano, te la deja húmeda, como si hubiera llovido, y eso que ya hace unas horas que no se ve el rocío.

—No sé, Nekane, pero sí que estoy del todo seguro que, al llegar a casa, la sorpresa será para nuestros padres, cuando se den cuenta del cambio que has hecho, especialmente, en tus hábitos alimenticios.

Realmente es cierto que, en muchos momentos del Camino, cualquiera se puede dar cuenta de que desarrolla todos los cinco sentidos del ser humano. Vemos magníficos paisajes al mismo tiempo que escuchamos el canto de los pájaros o el sonido de los riachuelos, gustamos de algún fruto silvestre o no, como las moras, las frambuesas, cerezas… y podemos sentir el tacto de esos frutos o de las setas que hay en los bosquecillos o en los árboles. Es algo que, seguramente, no podremos volver a repetir en la ciudad donde vivimos.

Henri siempre calzado con sus sandalias, bien bajo la lluvia, la niebla…

En Melide se puede ver cómo cocinan el pulpo, en plena calle.

Parte del grupo haciendo más filigranas para no mojarse.

Después de comer, otro cambio de tiempo, aunque puede ser que solo sea temporalmente, pero aprovechando que sale el sol, muchos de los jóvenes peregrinos se sitúan al lado del río para secar la ropa tendida encima de la hierba, ya que el tendedero está lleno. Incluso, algunos más atrevidos, se dan un baño en el río Iso.

El precioso albergue de Ribadiso da Baixo, con los peregrinos tomando el sol, remojando sus pies…

Ya en el albergue, a última hora de la tarde, aparece el grupo de los cinco peregrinos catalanes y los chicos se interesan por Enric. Dicen que, al llegar a Melide, dos de ellos le han llevado en un taxi a Lugo, para que en el Hospital le hicieran un reconocimiento. Después de varias pruebas, le han dicho que probablemente se trate de una Distonía de tronco, pero que, si es así, no hay problema, ya que es algo aleatorio, que incluso puede ser que nunca más le vuelva a ocurrir, pero que, de todas formas, cuando regrese a su domicilio, es mejor que vaya a su médico y que le derive al especialista (neurólogo), para que le hagan pruebas más contundentes.

Curiosamente, cuando van todos a cenar en el restaurante que hay pegado al albergue, de los catorce que forman ese grupo, hay un Enric, un Endika, un Henri y en ese momento descubren que entre los cuatro madrileños hay un Enrique... ¡Vaya póker!

22 de julio de 1999
Ribadiso da Baixo-Pedrouzo (21,5 km)

Desde ayer, que el grupo de jóvenes se ha juntado con otro de Madrid, dos chicas y dos chicos, y hoy han salido juntos del albergue.

Muy pronto pasan por Arzúa, que se ve como más ciudad o es que es muy larga la travesía, ya que parece que todas las casas están alineadas a un lado y otro de la carretera, aunque ellos pasan por el Camino, que va en paralelo y pueden ver el albergue municipal, que les llama la atención, ya que en su enorme patio hay un magnífico hórreo. Echan alguna fotografía y continúan.

Uno de tantos hórreos que se pueden ver por Galicia.

Al pasar por Salceda, hacen un pequeño parón para desayunar y aprovechar que es una larga travesía, para que las chicas y, ¿por qué no?, los chicos también puedan echar un vistazo a las tiendas, donde ya se puede ver una gran mayoría que exponen recuerdos del Camino, por su proximidad a Santiago. Justo han parado a comer algo en un lugar donde, desde lejos, se podían ver muchos peregrinos tomando algo bajo la sombra, en unas mesas que hay fuera del edificio, pero ellos suben las escaleras y entran en la cafetería, donde les acoge una chica muy simpática del País Vasco y deciden quedarse ahí, pues les llama mucho la atención la cantidad de inscripciones que dejan los peregrinos en las paredes, las mesas, sillas…, unas camisetas colgadas del techo, con dedicatorias, firmas y comentarios de los peregrinos, una guitarra encima de un sofá… Pasan un buen rato y al final la chica los invita, si quieren, a un chupito de orujo.

Un rincón de la acogedora Casa Verde de Salceda.

Después, les espera más de diez kilómetros por grandes plantaciones de eucaliptus y algunas aldeas, aunque prácticamente no ven a sus pobladores, solo alguna señora sacando a pacer las vacas. Con tanto eucaliptus, el camino que recorren los chavales está plagado de hojas que, con el viento que hizo los dos días anteriores, cubre todo el suelo. Ese es un motivo para que los chicos hagan comentarios sobre la gran cantidad de hojas que están pisando y, en un momento determinado, una de las chicas de Madrid exclama:

—Pues sí, en esta época del año, en mi casa también se llena el suelo de la terraza con las hojas de laurel, como aquí

Uno de sus compañeros le tiene que explicar que estos árboles no son de laurel, sino eucaliptus. Se queda tan avergonzada que, durante mucho rato, va rezagada a varios metros del grupo.

En esta foto se puede apreciar la altura que llegan a obtener los eucaliptus. Si lo comparamos con los peregrinos que casi no se divisan, en la parte de abajo a la izquierda, junto al árbol mencionado.

Aprovechando que por ahora luce un sol magnífico, les da tiempo para parar de vez en cuando y contemplar el paisaje, ver cómo los habitantes de estas aldeas cuidan sus tierras, todavía con la ayuda de bueyes, aunque ya se comienza a ver algún tractor, las gallinas que se pasean fuera de su recinto habitual, algún perro que muy mansamente les sigue durante un buen rato en su caminar.

Una pareja de agricultores muy mayores, todavía arando con los bueyes.

Un peregrino con ayuda de las muletas, digno de admiración.

Y, paso a paso, llegan a su destino de hoy, Pedrouzo, que dista solo a unos pocos más de veinte kilómetros. Se instalan en el albergue público, que es muy bonito, con las habitaciones abuhardilladas, y salen a comer en el único restaurante que hay en todo el pueblo. Como ya forman un grupo bastante grande, juntan tres mesas para estar más cómodos, pues de momento no hay más ocupadas. Al rato llega una pareja de unos cincuenta y pocos años, que se sienta muy cerca de ellos, lo suficiente para que escuchen la discusión que se llevan entre manos, ya que van alzando las voces. Antes de terminar la comida, él se levanta y dice que aquí se acabó todo, que va al albergue para coger la mochila y marchar en taxi hasta Santiago, y volver a casa. Que cuando ella llegue, seguramente, ya no le va a ver, ni nada que sea suyo.

Momento de silencio en el grupo que no sabe cómo reaccionar al ver a la señora desconsolada, pero nadie se atreve a intervenir en esa situación. Y es que eso ocurre más de lo que podamos pensar, no solo en los Caminos a Santiago, sino en cualquier tipo de vacaciones, sean cruceros, viajes al extranjero… Muchos matrimonios, casi siempre por motivos de sus trabajos, se ven muy poco en una jornada laboral y, cuando cogen unas vacaciones de ocho o diez días, llega un momento en que no saben qué decirse. Pues imaginemos un mes caminando, todo el día juntos y viendo y viviendo lo mismo los dos, se les acaban los temas.

Una vez acabada la comida, todos juntos van a dar una vuelta por el pueblo, más que nada para ver por dónde será mejor salir al día siguiente, pues, aparte del camino que les ha traído hasta aquí, parece ser que hay otro para no volver hacia atrás. Así es, aunque más o menos les pilla la misma distancia desde el albergue. Aprovechan para hacer la compra de lo que van a necesitar para la cena, pues en el albergue hay una buena cocina y el comedor es muy grande. Una vez dejan todo en su alojamiento, salen de nuevo para ir a la misa del peregrino, que la hacen en una iglesia que está al final de la población, una vez pasado el restaurante donde han comido al mediodía. Es muy bonita y, además, el fondo del altar representa una vieira enorme, que le da más representación a los peregrinos que ya están tan cerca de Santiago. Es una misa muy participativa por parte de todos y, además, hay una monja (Sor Cristina) que acompaña los cánticos con su guitarra y su preciosa voz. Ya la habían encontrado antes, al bajar del Alto de Santa Irene, cuando les ha anunciado la hora en que se celebraría la misa. Al terminar, justo antes de salir, hay una mesita con el sello precioso para que los que lleven su credencial puedan estamparlo.

Interior de la iglesia parroquial de Pedrouzo, donde se ve la gran vieira que preside el altar.

23 de julio de 1999
Pedrouzo-Santiago de Compostela (20,1 km)

Hoy, prácticamente todos los peregrinos han madrugado más que anteriormente, porque les gustaría poder llegar a tiempo hasta Santiago, para ir a la misa del peregrino, que es a las doce, por lo que hay que apresurarse un poco.

Los comentarios también son unánimes; por un lado, tienen muchas ganas de llegar a su meta final, pero por otro, sienten que se termine esta experiencia, que tanto les ha impresionado y han podido disfrutar. Pero también es cierto que casi todos ya comentan que repetirán y que lo harán extensible a sus amigos, etc. para que prueben sin ningún temor, por la edad, por la inexperiencia en caminar...

Después de rodear el aeropuerto de Labacolla, que es el de Santiago de Compostela, y pasado el pueblo con ese nombre, ven a una señora metida dentro del pequeño río, que es, ni más ni menos, que el río Labacolla, que está lavando ropa y le preguntan por qué lo hace ahí y no en el lavadero público, que seguro que lo hay. Ella les responde que prefiere estar sola, pues no le gustan los chismes y cuchicheos que se dicen cuando se juntan unas cuantas señoras, que además el frescor del agua le va bien para sus piernas y que el agua al correr es mejor para la ropa que la estancada del lavadero, aunque también circula, pero es diferente, pues hay momentos en que está todo el lavadero con jabón, suciedad... Y como parece que los chicos le han caído muy simpáticos y, por su curiosidad, les cuenta que el nombre de Labacolla significa en gallego «parte baja de la colina», pero, popularmente, se dice que es «lavacolloes», porque en la antigüedad los peregrinos que llegaban aquí aprovechaban, como medida higiénica, hacer un buen lavado de sus partes íntimas, pues deseaban más que nunca estar ya en Santiago, para yacer con una buena compostelana.

La señora que lava la ropa justo donde los peregrinos se aseaban, en el río Labacolla, para entrar limpios en Santiago de Compostela.

El día, por suerte, se iba manteniendo apacible, a ratos con sol y otros nublado, pero sin llegar a llover por el momento.

Y la emoción va subiendo a cada paso, pues ya falta muy poco para la llegada al Obradoiro.

El grupo de peregrinos adelanta a una señora que viste y lleva el paraguas tal como hacen en estas tierras.

Y llegan a otro de los lugares más emblemáticos, el Monte del Gozo. Ahora sí es obligatoria una parada, aunque sea muy breve, para contemplar las torres de la Catedral y admirar el monumento que conmemora la visita de Su Santidad Juan Pablo II, en el año 1992, en un encuentro con jóvenes cristianos de todo el mundo.

El monumento que se construyó en 1992 y que se alza en lo alto del Monte del Gozo.

A continuación, ya les parece que todo es bajada y que les falta… nada, pero se hace largo llegar hasta el centro, el casco histórico. Los corazones van a cien por hora. Ya se escucha la gaita que les da la bienvenida y sale un sol esplendoroso.

Uno de los gaiteros que recibe a todo el mundo, con música típica de Galicia, a la entrada del Obradoiro.

Bajan las escaleras que dan entrada a la plaza del Obradoiro y… ahora sí… la emoción llega al tope, las lágrimas resbalan por los rostros de todos y el último paso hasta el centro de la plaza, donde, teóricamente, está el Km 0. Abrazos, fotos y de momento nada más, pues han de entrar en la Catedral para la Misa del Peregrino, cuando solo quedan unos cinco minutos para su comienzo.

Henri con sus sandalias, en el centro del Obradoiro, donde se dice que es el Km 0 de los Caminos a Santiago.

Al salir, siguen dando tumbos por la ciudad, haciendo algunas fotografías y en seguida se dirigen al albergue, pues queda un poco lejos tras una buena *cuestiña*. Allí deciden que por hoy ya está bien, que mañana ya lo celebrarán con una mariscada, pues se la merecen suficientemente. Basta con buscar algún lugar cerca del Seminario Menor, que es donde se alojan, para después hacer una buena siesta y si más tarde quedan fuerzas, bajar de nuevo al centro para ver la animación y los peregrinos que llegan. Como les queda tiempo, se acercan a la oficina del peregrino, en la *rua* del Vilar, y hacen los trámites correspondientes para recoger su Compostela y después entran de nuevo en la Catedral para realizar todo el ritual: poner las manos en los huecos que hay en la entrada del Pórtico de la Gloria; luego, detrás mismo, dar los coscorrones en el busto del Maestro Mateo; después, bajar a la cripta para rezar o tener un momento íntimo ante la tumba del Apóstol para acabar subiendo a dar el abrazo a Santiago, momento sublime para todos.

Henri en la entrada, justo en la Puerta Santa, que solo se abre en los años de Jubileo, o sea, como dicen en Galicia, Xacobeos. .

24 de julio de 1999
Santiago de Compostela

Se acabaron los madrugones, las prisas, los nervios… Hoy, día de relax completo, para disfrutar de otra forma el Camino y es, nada más y nada menos, que descubriendo la capital compostelana.

A patear la ciudad, descubriendo sus muchos lugares para ver y al mismo tiempo observando los escaparates de las muchísimas tiendas de recuerdos… Para comer no hay problema, pues Henri ya nos ha dicho que conoce el lugar ideal para comer una buena mariscada.

Precisamente Henri, mientras el grupo anda por esas calles con tanta historia, se encarga de ir a la Secretaría de la Archicofradía para recoger las invitaciones personales para la Misa del Peregrino del día siguiente.

Al mediodía, cuando se reúnen de nuevo, él les lleva a una marisquería, en un primer piso, donde ya les tenían reservada una mesa para todos y, como era de esperar, no ha faltado una gran armonía, el buen humor, los brindis, las anécdotas… hasta media tarde, que casi les piden que se retirasen. Poco a poco y cada grupito por su lado, se dirigen hacia el alojamiento. Nekane, Yago y Henri hacen alguna compra para cenar juntos en el albergue y a dormir, pues, aunque no hayan hecho una etapa, han caminado mucho por la ciudad y el pavimento cansa mucho más que ir por caminos de tierra.

Aspecto de la mariscada que pronto van a «atacar» los peregrinos del grupo.

25 de julio de 1999
Santiago de Compostela

Todo el grupo baja hasta el centro histórico y, mientras Henri va a recoger las invitaciones para acceder al lugar reservado para los que la poseen, los demás se dedican a recorrer las tiendas en busca de recuerdos, tartas de Santiago… para llevar a sus respectivas casas y deleitar a sus familiares, pues confían en que Henri los llevará a algún restaurante de su confianza para hacer otra gran comilona, cosa que todos están deseando. Cuando vuelven a reunirse con él, ya entran en la Catedral para abrazar de nuevo al Apóstol, seguir todo el ritual y dirigirse a sus asientos, ya que está prácticamente todo lleno y todavía hay una gran cola que esperan entrar, aunque va a ser difícil, pues además de los peregrinos a pie, hay numerosas personas que han llegado, bien en sus propios coches, en autocares… incluso, parece que hay pueblos pequeños que han reunido a todos sus habitantes y vienen con estandartes y pancartas.

Henri en el momento tan emocionante de dar el abrazo al Apóstol.

Henri, con su collar y medalla de Cofrade de la Archicofradía Universal del Apóstol Santiago, se dirige a los bancos que tienen reservados para ellos. Poco después comienzan a llegar las autoridades, de la familia Real, de la Xunta de Galicia, del Gobierno Central… Es todo un espectáculo que los jóvenes quieren vivir al máximo y se les nota su emoción en los rostros, intentando aguantar esas lágrimas que de vez en cuando se les escapan.

Al final, después de contemplar el vuelo del *botafumeiro*, pueden vivir la ceremonia de nombramiento de los nuevos Cofrades, que reciben su diploma y collarín con la medalla correspondiente de las manos del Arzobispo. Más de uno del grupito sueña con que alguna vez llegarán a estar en su lugar, ya que se diría que todos piensan en volver a repetir un Camino hasta aquí.

A la salida, se reúnen todos en el centro de la plaza del Obradoiro y directamente enfilan la Rua donde hay la mayoría de marisquerías, aunque hoy deciden comer algo diferente, ya que ayer disfrutaron de ese gran manjar.

Al terminar, un buen paseo para hacer la digestión, mientras Henri les muestra los lugares más históricos, también turísticos, pero algún rincón no tan conocido, como «la sombra del peregrino», prácticamente a un lateral de la Catedral, en la plaza Quintana, que esconde una leyenda que tiene diferentes versiones, como la mayoría, pero en este caso, la que más se extiende es que, hace unos siglos, un sacerdote de la catedral mantenía una relación con una monja del convento que está justo enfrente, en esa misma plaza, y que por las noches, a través de un pasadizo bajo las escaleras existentes ahí, se encontraban como cualquier pareja de enamorados, hasta que llegó un momento en que decidieron escapar y quedaron para el amanecer del día siguiente y que los dos irían vestidos de peregrinos. El sacerdote-peregrino estuvo esperando horas, horas y más horas, pero su amada no apareció y entonces quedó en ese lugar «petrificado», tal como podemos ver su sombra.

La sombra del peregrino.

Como este «símbolo» petrificado, hay más de uno por las calles de Santiago de Compostela.

Seguidamente, Henri les guía hasta un restaurante de una calle paralela a la de las mariscadas para que prueben, los que quieran, el plato estrella… los «tigres rabiosos», que son ni más ni menos que unos mejillones con una salsa muy picante. Algunas de las chicas prefieren escoger otro plato, como los pimientos de Padrón, que, aunque haya alguno que también pique, no va a ser lo mismo.

Una apetecible vista de los «tigres rabiosos».

Cuando acaban, ya es totalmente de noche y Henri les conduce hasta un establecimiento muy antiguo y señorial, el Café Casino, en la Rua do Vilar, para gozar de una buena *queimada*, que se encargará de preparar el amigo Henri, que ya le conocen por aquí y le entregan todos los ingredientes necesarios y un folio con el *conxuro*, que le pasa a Yago para que lo recite, mientras él hace el ritual de quemar el orujo. Más que nada, porque Yago es, seguramente, el que más entiende la lengua gallega de todo el grupo.

CONXURO

Mouchos, coruxas, sapos e bruxas;
demos, trasnos e diaños;
espiritos das neboadas veigas,
corvos, pintegas e meigas;
rabo ergueito de gato negro
e todos os fetizos das menciñeiras...

Podres cañotas furadas,
fogar de vermes e alimañas,
lume da Santa Compaña,
mal de ollo, negros meigallos;
cheiro dos mortos, tronos e raios;
fuciño de sátiro e pé de coello;
ladrar de raposo, rabiño de martuxa,
oubeo de can, pregoeiro da morte...

Pecadora lingua de mala muller,
casada cun home vello;
Averno de Satán e Belcebú,
lume de cadáveres ardentes,

lumes fatuos da noite de San Silvestre,
corpos mutilados dos indecentes,
e peidos dos infernais cus...

Bruar da mar embravecida,
agoiro de naufraxios,
barriga machorra de muller ceibe,
milañar de gatos que andan á xaneira,
guedella porca de cabra mal parida
e cornos retornos de castrón...

Con este cazo
levantarei as chamas deste lume
que se asemella ao do inferno
e as meigas ficarán purificadas
de tódalas súas maldades.
Algunhas fuxirán
a cabalo das suas escobas
para iren se asulagar
no mar de Fisterra.

Olvide! Escoitade estos ruxidos...!
Son as bruxas que están a purificarse
nestas chamas espiritosas...
E cando este gorentoso brebaxe
baixe polas nosas gorxas,
tamen todos nós quedaremos libres
dos males da nosa alma
e de todo embruxamento.

Forzas do ar, terra, mar e lume!
a vós fago esta chamada:
Se é verdade que tendes máis poder
ca humana xente,
limpade de maldades a nosa terra
e facede que aquí e agora
os espiritos dos amigos ausentes
compartan con nós esta queimada.

Henri en pleno trabajo para hacer a todos una «queimada» bien rica.

Al final, la encargada del local hace la prueba para saber si está en su punto y dice que es espectacular y deliciosa. Se nota que Henri lo ha hecho muchas veces y según nos cuenta después, también prepara el *rom cremat* en su tierra, cuando hay recitales de habaneras en las fiestas de los pueblos.

Después de degustar a fondo la queimada, Henri les lleva de nuevo hacia el Obradoiro, ya que a esta hora se instalan en los soportales de debajo del Ayuntamiento, justo delante de la Catedral, un grupo de tunos, que como bien dicen ellos mismos, son más que repetidores, pero que, seguramente, por esa experiencia hacen disfrutar a todos los que allí se concentran, de canciones de todo tipo, además de las típicas de la tuna, según los peregrinos que ven representando a diferentes países, así como si por casualidad es el cumpleaños de alguien (con preferencia que sea femenina), le hacen salir al centro del grupo, le colocan una de sus capas y le cantan el Cumpleaños feliz.

La vista de la Catedral de noche desde los soportales del Ayuntamiento.

Los tunos animando la noche a peregrinos y turistas.

Ya tarde, cuando el grupo de tunos se despide, cantando *Se va la tuna, se va, se va...*, ellos se dirigen al albergue, para pasar la última noche en Santiago de Compostela y concluyendo esta inolvidable experiencia.

Naturalmente, como a algunos todavía les queda algún día para pasar por allí, otros que deciden seguir a Muxía y Fisterra, se despiden antes de echarse en sus literas, pues los restantes tienen la salida de su tren muy de mañana.

Intercambio de direcciones postales, números de teléfono, abrazos, lágrimas... y un «hasta siempre».

26 de julio de 1999

El tren que ha de llevar a Nekane y Yago a Ferrol, tarda poco más de tres horas en hacer el recorrido, pero ellos prefieren madrugar, para llegar cuanto antes a su hogar, poder abrazar a sus padres y descansar bien, dejando para más tarde, con tranquilidad, contarles cómo les ha ido.

Solo entrar, el tren en la estación de su destino, ya pueden ver a Iria y Gari, que muy emocionados les están esperando en el andén y, nada más apearse, se funden los cuatro en un superabrazo de lo más tierno. No pierden tiempo en salir para su casa y, una vez allí, dejan sus mochilas y alguna bolsa más con lo que han comprado en Santiago. Comen algo ligero y corren a sus camas para hacer una siesta, puesto que a partir de ahora ya tendrán tiempo de hablar, comentar sus experiencias… y al día siguiente, llevar los carretes de fotografías a la tienda, para que se las revelen y hacer un precioso álbum de recuerdo.

Para todos, la vida sigue, pero no igual que antes, ya que el gusanillo de este Camino, les tiene siempre en la mente, con comentarios cada dos por tres, tal como les vienen los recuerdos y planificando ya el próximo.

Al cabo de unos tres años, los chicos descubren por casualidad que Henri ha escrito un libro, *El peregrino de las sandalias,* donde relata las anécdotas que vivió durante ese camino y, naturalmente, Nekane y Yago son los protagonistas de alguna de esas aventuras.

Todavía permanecen en contacto con su gran amigo y compañero Henri, manteniendo correspondencia, aproximadamente, una vez al mes o mes y medio, principalmente, cuando es el cumpleaños de alguno de ellos, por Navidades… así como también con los otros compañeros que les acompañaron y con los que fueron conociendo durante todo el tiempo.